Hans P. Sturm

Widerspiegelung des Geistes II/2

Prinzipien-Triadik oder Prinzipien-Tetradik?

Hans P. Sturm

WIDERSPIEGELUNG DES GEISTES II/2

Prinzipien-Triadik oder Prinzipien-Tetradik?

Vom ‚non-missing (non-)link'
(in) der Proto-Philosophie
Griechenlands und Indiens

Edition Verstehen – Augsburg 2016

Bibliographische Information der Deutschen Nationalbibliothek:
Die Deutsche Nationalbibliothek verzeichnet diese Publikation in der Deutschen Nationalbibliographie; detaillierte bibliographische Daten sind im Internet über http://dnb.dnb.de abrufbar.

Sturm, Hans P.
Widerspiegelung des Geistes II/2. Prinzipien-Triadik oder Prinzipien-Tetradik? Vom ‚non-missing (non-)link' (in) der Proto-Philosophie Griechenlands und Indiens
Augsburg – Edition Verstehen
Verlag der Gesellschaft für transkulturelles Verstehen (GetraV) e. V. 2016
www.getrav.de
ISBN 978-3-937736-05-1

Satz: Hans P. Sturm
Umschlag: Hans P. Sturm
Thematisches Cover-Emblem: Heiko Helbig

Herstellung: BoD - Books on Demand, Norderstedt
Printed in Germany
ISBN 978-3-937736-05-1

τοῦ αἰτίου δὲ νοῦ ὄντος πατέρα φησὶ τἀγαθὸν καὶ τὸ ἐπέκεινα νοῦ καὶ ἐπέκεινα οὐσίας. πολλαχοῦ δὲ τὸ ὂν καὶ τὸν νοῦν τὴν ἰδέαν λέγει· ὥστε Πλάτωνα εἰδέναι ἐκ μὲν τἀγατοῦ τὸν νοῦν, ἐκ δὲ τοῦ νοῦ τὴν ψυχήν. ... ἥπτετο μὲν οὖν καὶ Παρμενίδης πρότερον τῆς τοιαύτης δόξης καθόσον εἰς ταὐτὸ συνῆγεν ὂν καὶ νοῦν, καὶ τὸ ὂν οὐκ ἐν τοῖς αἰσθητοῖς ἐτίθετο ... ἓν δὲ λέγων ἐν τοῖς ἑαυτοῦ συγγράμμασιν αἰτίαν εἶχεν ὡς τοῦ ἑνὸς τούτου πολλὰ εὑρισκομένου. ... Ἀναξαγόρας δὲ νοῦν καθαρὸν καὶ ἀμιγῆ λέγων ἁπλοῦν καὶ αὐτὸς τίθεται τὸ πρῶτον καὶ χωριστὸν τὸ ἕν, τὸ δ᾽ ἀκριβὲς δι᾽ ἀρχαιότητα παρῆκε. καὶ Ἡράκλειτος δὲ τὸ ἓν οἶδεν ἀίδιον καὶ νοητόν· τὰ γὰρ σώματα γίγνεται ἀεὶ καὶ ῥέοντα. τῷ δὲ Ἐμπεδοκλεῖ τὸ νεῖκος μὲν διαιρεῖ, ἡ δὲ φιλία τὸ ἕν – ἀσώματον δὲ καὶ αὐτὸς τοῦτο – τὰ δὲ στοιχεῖα ὡς ὕλη.[1]

„Vater des Verursachenden, das der Geist ist, nennt er also das Gute und das Jenseits des Geistes wie jenseits des Seins. An vielen Stellen bezeichnet er das Sein/Seiende und den Geist als Idee. Somit wußte Platon: aus dem Guten der Geist, aus dem Geist die Seele. ... Mit einer derartigten Ansicht hat sich allerdings schon früher Parmenides befaßt, sofern er Sein und Geist zum Selben zusammenzog und das Sein nicht unter das Sinnliche subsumierte ... Indem er es in seinen Schriften aber Eins nannte, wurde er beschuldigt, daß sich dieses Eine als Vieles erwiese. ... Und auch Anaxagoras setzt das Erste, indem er den Geist rein/lauter und unvermischt nennt, als Einfaches und das Eine als Absolutes, wenn er wegen seiner Altertümlichkeit auch Genaues weggelassen hat; doch auch Herakleitos hat gewußt, daß das Eine ewig und geistig ist, die Körper nämlich sind unaufhörlich im Werden und Fließen. Und nach Empedokles trennt der Streit, die Liebe ist aber das Eine – dieses ist für ihn aber ebenso das Unkörperliche – die Elemente jedoch gleichsam die Materie."

---

1 Plotinos, Enneaden 5.1.8.6–5.1.9.7, ⟨edd.⟩ P. Henry / H.-R. Schwyzer, 2.197–199.

Inhaltsverzeichnis

Vorbemerkung zu den Teilbänden II/2–7

Da Gedankengang und Gesamtsinn des auf neun Bände konzipierten Werkes ›Widerspiegelung des Geistes‹ im theoretischen Grundlagenband I entfaltet und erörtert wurden, im Einleitungsband der 7-teiligen Abteilung II zudem die spezifischen formalen Konventionen, der wissenschaftliche Stand und Zustand der derzeitigen ‚Philosophie' generell wie ihrer speziellen interkulturellen Spielart, die allgemeine Verfaßtheit dessen, worauf Philosophie gründen sollte oder müßte, wissenschaftliche Rationalität und intellectuelles Verständnis, Wahrheitssuche und Wahrhaftigkeit, aber auch in einer Hinführung der Gegenstand, das Themengebiet der nun zu leistenden Forschungsarbeit dargestellt und diskutiert wurden, werde ich in den folgenden Büchern des Teilbands II auf weitere einleitende Worte und Erläuterungen verzichten und nur diesen Vorbemerkungs-Text hier mit minimalen Anpassungen zusammen mit dem Abstract zum jeweiligen Faszikel wiedergeben.

Diejenigen Leser, deren Interesse auf einzelne Themengebiete und bestimmte philosophische Schulen oder Richtungen gewisser Zeitabschnitte meiner strukturell wie gleichermaßen historio-doxographisch ausgerichteten Studien begrenzt ist, werden gebeten, sich das zum Verständnis hilfreiche, in mancherlei Hinsicht notwendige Vorwissen an den einschlägigen Stellen der vorangegangenen Bände zu verschaffen.

Vom Standpunkt des Selbstdenkers aus betrachtet verhält es sich keinesfalls so, daß beim nun anhebenden Durchgang durch das Schrifttum der antiken Stiftertraditionen dessen, was von den Hellenen Philosophie genannt wurde, die Erkenntnisse zur Thematik der »Strukturtheorie der Re–flexion« nicht zu vertiefen, aspektuell zu erweitern und zu ergänzen wären, und sich die Erschließung des gesamten folgend vorzustellenden Gedankenmaterials erübrigen würde. Vielmehr birgt dessen Studium einen mehrfachen Gewinn.

Erstens dient es zur Einübung in die Kunst der Re-flexion, d.h. des transzendentalen Denkens (Meta-Metatheorie); zweitens verschafft es Einblicke in die diesbezüglichen Fertigkeiten von Geistern anscheinend unterschiedlichster Voraussetzungen und Ausrichtungen (Kulturen, Weisheitstraditionen, Religionen, Weltanschauungen); drittens erschließt sich durch die Anwendung der re-flexionsstrukturellen Methode in ihrer Bi-Aspektualität als Technik des Aufweises kognitiver Prinzipien und dessen sprachlicher, thetisch-antithetischer Formelhaftigkeit eine verblüffende Hermeneutik, die durch Anwendung der beiden stufenartigen Einteilungsraster den Aufbau betrachteter Gedankengebäude durchleuchtungsartig freilegt; viertens und letztens schärft es die Einsicht in den ‚Sinn' des Seins und Daseins und versetzt dadurch in die Lage, durch eine entsprechende Lebensführung selbst nicht nur Philo-Soph zu sein, sondern Weiser, σοφός (*sophós*), ज्ञानिन् (*jñānin*), 聖人 (*shèng rén*) zu werden, wahrhafter Mensch (etymologisch von idg. √*men*, skr. √*man*, gr. *maínō*, *manthánō*, lat, *memini*, *mens*, *mentior*, dt. meinen, Mensch): Meinender, Erdichter, Weise/r.

Abstract zum Faszikel II/2

In diesem Teilband wird das Weltgebäude der sogenannten Vorsokratik in Gegenüberstellung zu den frühen Upaniṣad-s präsentiert. Damit unternehme ich den Versuch, das Hauptthema meiner Studie in seinem Entstehen als Fragestellung der Philosophie anhand der Lehren herausragender Stifterpersönlichkeiten und Urschriften Griechenlands und Indiens vorzustellen und auf diesem Wege zu zeigen, daß sie mit ganz ähnlichen denkerischen Aufgaben anhoben und mit ebensolchen Lösungsvorschlägen aufhörten. Im Fokus stehen dabei auf hellenischer Seite die aus Fragmenten zu rekonstruierenden, angeblich antagonistischen Entwürfe des Vertreters einer vermeintlich einseitigen Seinsstatik, Parmenides von Elea, und des Proponenten einer scheinbar ausschließlichen Werdedynamik, Herakleitos aus Ephesos. Zusammen mit einer Skizze der quasi-pythagoreischen Weltanschauung von Empedokles aus Akragas (Sizilien) werden sie entsprechenden Grundrissen von GeistWelt-Spekulationen früher Upaniṣad-s, besonders der ›Bṛhadāraṇyaka-Upaniṣad‹, gegenübergestellt. Den Übergang zum nächsten Faszikel bildet die Kosmogonie des 1962 in Makedonien entdeckten bisher ältesten Originaltexts der Proto-Philosophie (Vorsokratik), des berühmten ›Derveni-Papyrus‹.

Wie schon aus meiner Diktion zu schließen sein müßte, wird sich ergeben, daß sowohl der Gegensatz zwischen der Stillstandslehre auf der einen Seite und der Flußlehre auf der andern nur einseitige Hinsichten auf die jeweiligen Gedankengebäude darstellen, als auch, daß die in der bisherigen Forschermeinung festsitzende Unvereinbarkeit hellenischer und indischer Wirklichkeitsdeutung in sich zusammensinken wird.

Der Versuch, einige zentrale Lehrgehalte subkontinental-östlicher Weltanschauungen zum Zwecke intensiveren Vergleichs an einigen Stellen ihren sachlichen mediterran-westlichen Pendants direkt gegenüberzustellen, dient dazu, die größtmögliche intellektuelle Durchdringung der Grundannahmen dieser Frühphase beider Philosophie-Traditionen zu gewährleisten. Mit der diesen Teilband abschließenden Einbeziehung mythisch-metaphysischer Spekulationen der frühen abendländischen Mysterienweisheit (Orphik und Pythagorik) wird nicht nur auf den Boden verwiesen, in dem die Anfänge der griechischen Philosophie in beträchtlichem Maße wurzeln, und damit der sogenannte Übergang vom Mythos zum Logos als ein Übergang vom Mythos zum Mythos, vielleicht sogar vom Logos zum Logos erwiesen, sondern auch die Verwandtschaft mit dem Kultwesen und -wissen des Alten Orients aufgezeigt, das uns unter dem Aspekt einiger der ältesten derzeit bekannten Berichte über die Weltentstehung im nächsten Faszikel beschäftigen wird.

Gleichwie die re–flexionsstrukturelle Beschäftigung mit den Anfängen philosophischer Spekulation in Indien und Griechenland hinsichtlich ihres Gegenstands dem Eintritt in die – gemäß dem beschränkten gegenwärtigen Horizont historischen Wissens und Bewußtseins – ersten Ideen-‚Schmieden' der Menschheit gleicht, hat die Hand- resp. Kopfwerkerei (Methode), wie ich sie ausübe, einen Werkstattcharakter, der den, der diese Manu- bzw. ‚Menti'-Faktur betreten hat, bei der Bearbeitung des vorfindlichen Gedankenstoffs und der damit verbundenen Verfertigung wohlgeformter Geistgebilde zum Zwecke erfahrungshaften Mitvollzugs und aktiver Aneignung teilhaben läßt. Wer aufmerksam und aufgeschlossen bei der Sache bleibt, kann entlang dieses und der nächsten fünf Faszikel, in denen wir mit noch feineren und um einiges anspruchsvolleren Gedankenmaterialien arbeiten und diese bearbeiten, den Gesellengrad und schließlich die Meisterschaft erlangen.

1 Sein-Sonderung–Name-Gestalt: Parmenides von Elea

Innerhalb der generellen philosophischen Doxographie – Ausnahmen davon in der Spezialforschung werde ich zur Stützung meiner Ausführungen noch heranziehen – geht man heute gerne davon aus, daß die Gesamtstruktur des BewußtSeins, des Seins und Bewußtseins, erst mit dem Gründer des sogenannten Neuplatonismus, Plotinos, seine exakte Formulierung als 3/4-fältiges Gebilde und mit der Bezeichnung »Hypostasen« seinen definitiven Namen erhalten habe. Während letzteres aus Gründen, die im Verlaufe meiner Ausführungen noch sichtbar werden, schon nicht mehr zugestanden werden kann, sind ob der ersteren Annahme noch viel gravierendere Vorbehalte anzumelden, weiß man nur die Chiffren der Mythen und Lehren über Geist und Kosmos in den frühen Zeugnissen der mythometapysischen Spekulation zu entschlüsseln und in Reflexionsbegriffe zu übersetzen. Dies gelingt am besten dann, wenn man die »Logik« der Geisttheorie an ihren klarsten Ausdrucksformen studiert und das gewonnene Gradnetz zur Vermessung, Einteilung und Verortung weiterer und schwerer zu erschließender Geistlandschaften verwendet. Dieserart zeichnen sich die Konturen quaternärer Rangfolgen von Geist und Welt schon in Schichtungsmodellen ab, die bis in die vorsokratische, ja bis in die vorphilosophische Epoche vor der von Karl Jaspers so genannten „dreifach erscheinenden Achsenzeit“[2], zurückreichen.

Es sind somit die Entwürfe der f r ü h e n Antike, die die

---

[2] K. Jaspers, Vom Ursprung und Ziel der Geschichte, p. 40; cf. dazu o.c., pp. 19–42.

eigentlichen Vorformen, ja sogar Formen, des alt-, mittel- und neuplatonischen GeistWelt-Gebäudes und aller daran anschließenden westlichen Spekulationen darstellen. „Die Entwicklung der westlichen Philosophie, sagte A. N. Whitehead einmal, bestünde aus einer Serie von Fußnoten zu Platon. In ähnlicher Manier und mit einer kaum größeren Übertreibung könnte man sagen, daß Platon's Schriften aus Fußnoten zu Parmenides von Elea bestünden.“[3]

Das wurde in der relevanten Forschung auf diese Weise, wenn überhaupt, bisher nur unzureichend thematisiert und dürfte mir den Vorwurf mangelnder Differenzierung und naiver Korrelierung der einzelnen Philosopheme von seiten der Spezialisten, die sich bekanntlich gegenseitig zu solchen ernennen, einbringen, wären sie ihrer Meinung nach doch schon längst selbst auf den Zusammenhang gestoßen, wenn er derart existierte. Und da bisher kaum einer von ihnen darauf gestoßen ist, kann er folglich auch nicht existieren.

Eigentlicher spekulativer Problempunkt ist dabei der Übergangsbereich von der ursprünglichen Einheit zur innerweltlichen Vielheit dimensionaler Realität. Er fand bisher viel zu wenig Beachtung, weil er in den einzelnen Lehren oft nicht eigens herausgestellt bzw. ihm in seiner dynamischen Qualität keine substantivische, nominale Kategorisierung zuteil wurde (missing link?). Dies gilt besonders für frühe theo-kosmologische Konzepte, begleitet und beeinträchtigt das Philosophieren aber durch die Zeiten hindurch bis auf unsere Tage. In den Systemen des Platonismus und des Vedānta nimmt diese Stelle das ein, was man in deutscher Sprache früher unter Geist

---

[3] D. Gallop, Parmenides of Elea: Fragments, p. 3, unter Berufung auf A. N. Whitehead, Process and Reality, p. 39; diese Aussage findet sich etwas verändert ohne Herkunftsnachweis, aller Wahrscheinlichkeit nach also plagiiert, in P. Kingsley, In the Dark Places of Wisdom, p. 41; in idem, Reality, p. 303, wird das Abhängigkeitsverhältnis Platon's von Parmenides nur noch ganz allgemein erwähnt.

verstand. In seiner Eigenschaft als eines eigenständigen Zwischengliedes inmitten zweier anscheinend unvermittelbarer, doch irgendwie zu vermittelnder Sphären, des Einen und Vielen, muß er gewissermaßen Anteil an beiden haben und darf es nicht, was seine Bestimm- und Denkbarkeit zu einer prekären Angelegenheit werden läßt und sich bis in die (Fehl-)Einschätzung der Platonischen Philosophie als Zweiweltenlehre hinein auswirkt. Dazu kommt, daß der Geist das (missing) link auf eine Kategorie hin bildet, die, da von allem abgekoppelt oder losgelöst (*ab-solutum*), im strengen Sinn gar kein link mehr, sondern ein non-link darstellt.

Gesteht man zu, daß schon zu Beginn des griechischen Philosophierens, bei Xenophanes von Kolophon (ca. 570–480), dem Stifter der Eleatik, eine Differenzierung zwischen dem ganz aus Sehen, ganz aus Erkennen und ganz aus Hören (also gänzlich aus Bewußtsein/Geistigkeit) bestehenden Eingott (*eĩs theós*) (ϒ4) und der nach außen (zum Gegenständlichen hin) gerichteten Einsicht (*phrenì*) (ϒ3_2) seines ohne Anstrengung wirkenden (ϒ$\overrightarrow{3}$) Geistes (*nóou*) (ϒ3_1) anzunehmen ist,[4] so ist in der griechischen Geistmetaphysik der Gründerzeit schon eine funktionale Binnengliederung und/oder Hierarchie des Nootischen zu entdecken, was den nicht verwundern kann, der, wie ich in Faszikel II/3 explizieren werde, die noch früheren mythologischen GeistWelt-Konzeptionen nicht für primitiv-naturalistischen, dem Sinnlich-Alltäglichen abgeschauten Kinderkram Vorsintflutlicher, sondern für Expressionen der damals noch

---

4 Cf. Xenophanes B23–26 = M34–37; Skalierung der Geistphasen nach platonistischem Modell; K. v. Fritz, Die Rolle des ΝΟϒΣ, pp. 287–292; idem, Der ΝΟϒΣ des Anaxagoras, pp. 92–93. Man beachte demgegenüber die Hierarchie kognitiver Vermögen, die den Pythagoreern zugeschrieben wird, cf. Diogenes Laërtios, De vitis dogmatis ... 8.30: der nur den Menschen eigene, unsterbliche Verstandesgeist (*phrḗn*); Menschen wie Tieren gemeinsam sind der Vernunftgeist (*noũs*), die Triebkraft (*thumós*) und die Sinne (*aisthḗseis*).

nicht als solcher begründet explizierten Kognitionsstruktur hält.

Ich stelle mich der Herausforderung, in diese Sache einige Klarheit zu bringen, unter der erschwerenden und, wie sich herausstellen wird, gleichermaßen erleichternden Bedingung, dies im Vergleich erster kritisch kontrollierter Versuche griechischer u n d indischer GeistWelt-Spekulationen und in ihrem Bezug zueinander durchzuführen. Durch die Einbeziehung der reichen frühindischen Tradition der Spekulation in die Erschließung der Anfänge des Denkens, einer Überlieferung, die zu Beginn zwar nicht in derselben Weise systematisch ist wie die griechische, dafür aber nicht selten von einer bedingungslosen Folgerichtigkeit, was das Ziehen von Konsequenzen aus metaphysischen Voraussetzungen und Sachverhalten angeht, findet sich auch bei der oft schwierigen Textlage der sogenannten vorsokratischen Philosophie parallel so mancher Anhaltspunkt, wie gewisse denkerische Problemstellungen zu lösen sind oder aufgelöst werden können, was heißt, daß der Umweg über das uns vorgeblich fern stehende asiatische Philosophieren zum Verständnis des uns scheinbar näherliegenden, der europäischen Denktradition nämlich, beiträgt.

Beginnen will ich mit der impliziten, im Bereich des Geistigen, Denkerischen und ihren Funktionen, wie nach meiner Vorrede nicht anders zu erwarten, außerordentlich diffizil strukturierten Viergliedrigkeit, in die das von Parmenides aus Yelē/Elea, der Parmeneides geheißen haben dürfte,[5] und seinen Schulvertretern vorwiegend durch Hyperbeln, Tautologien, Privationen und Negationen charakterisierte[6]

---

[5] Cf. P. Merlan, Kleine philosophische Schriften, p. 9 (Neues Licht auf Parmenides).

[6] Cf. A. M. Frenkian, Études de philosophie présocratique II, p. 75: „Die Prädikate, die Parmenides dem Sein gibt, sind bis auf wenige alle negativ …“

(Υ4) seiende Sein, das Sein, das ist (*eòn émmenai· ésti gàr eĩnai*),[7] das Ist (*éstin*),[8] aufzufächern ist, das sowohl unentstandene als auch unvergängliche, unzerstückelte, unerschütterliche und vollends unteilhaftige/freie/ausgeschlossene, das weder je war noch sein wird, sondern jetzt zugleich/zusammen als Ganzes,[9] Eines und Ununterbrochenes/Vereinigtes/Unablässiges ist,[10]

---

[7] Cf. Parmenides B6.1 = M9.1.

[8] Cf. Parmenides B2.3, B8.2, B8.34 = M6.3, M11.3, M11.34.

[9] Die Ganzheit, Ganz-und-gar-heit, Vollständigkeit oder Fülle (*oũlon/pãn/pámpan*) qua Begrenztheit (*peĩras*) und Gebundenheit (*désmos*) durch die (Göttin) Notwendigkeit (Anágkē) bedeuten trotz der verwendeten geometrischen Bilder des Rings-Umschlossenseins (*tó min amphìs eérgei*), der Vorhandenheit einer äußersten Grenze (*peĩras púmaton*) und des Vergleichs mit der Masse einer wohlgerundeten Kugel (*eukúklou sphaírēs enalígkion ónkōi*) keine räumlich-physische Endlichkeit, sondern metaphysische Voll-Endung allenthalben/in jeglicher Beziehung (*tetelesménon pánthothen*), Nicht-Unvollendetheit des Seins (*'oúneken ouk ateleútēton tò eòn thémis eĩnai*), was durch die negative Ontologie unter Anwendung von Negations-, Privations- und Weder–noch-Attributen bekräftigt wird; dadurch sind Totalität (Υ3) und ‚Transzendenz' (Υ4) quasi zusammengedacht (Υ3'), cf. Parmenides B8.26-49 = M11.26-49.

[10] Cf. Parmenides B8.3-6 = M11.3-5: *'ōs agénēton eòn kaì anṓlethrón estin, esti gàr oulomelés te kaì atremès ēd' atéleston· oudé pot' ẽn oud' éstai, epeì nũn éstin 'omoũ pãn, 'én, sunechés*· J. H. M. M. Loenen, Parmenides, Melissus, Gorgias, pp. 60-75, betreibt einen gewaltigen, mitunter an Rabulistik grenzenden interpretatorischen Aufwand, um die (geist-)metaphysischen Gehalte der drei Seinsattribute: a) unzerstückelt, mit ganzen Gliedern (*oulomelés*), b) unerschütterlich, unverrückbar (*atremès*), c) unteilhaftig, frei, ausgeschlossen, das Ziel nicht erreichend (*atéleston*), aufzuweisen, womit ich inhaltlich, wie noch mehrmals deutlich werden wird, auf einer Linie liege: a) drücke Außerräumlichkeit bzw. außerräumliche Einheit und Ganzheit aus, c) Außerzeitlichkeit bzw. zeitlose Ewigkeit (ich sehe darin eher eine allgemeine, alles Dimensionale betreffende Ab-solutheit) und b) die qualitative Unveränderlichkeit des wahren Seins, das als logisch-ontologisches und logisch-metaphysisches Konzept aufgefaßt wird, welches den Bezug des Seienden zum Einsehen des Geistes umfaßt, in dem dimensional Differenziertes als die eine und ganze

ein Selbiges (*tautón*),[11] das

(Ύ'3) in der Geisteinsicht (*noeĩn*)[12] und mit dem Geist betrachtet/erschaut wird (*leũsse … nóõi*),[13] und um dessen Wahrheit allein

(Ύ'3/2) ein zuverlässiger Logos und Gedanke möglich ist (*pistòn lógon ēdè nóēma amphìs alētheíēs*).[14] Dieses [all-einig Gegenwärtige] geht in den von Parmenides selbst zum Zwecke der Unüberholbarkeit durch irgendeine Anschauung/Meinung der Sterblichen (*mḕ poté tís se brotõn gnõmē parelássēi*)

(Ύ2/1) als wohlbegründetes Ganzes explizierten (*eoikóta pánta phatízō*) ausgebreiteten Kosmos (*diákosmon*),[15]

‚Idee' »Sein« gegenwärtig ist. Was genannter Autor unter ‚Idee' faßt, wenn er die begriffsspezifische, formale Bedeutung betont, und ob intuitionsspezifische, überkategoriale Erkenntnisarten darin eingeschlossen sind, wäre interessant zu wissen.

[11] Cf. Parmenides B8.29-30 = M11.29-30: *tautón t' en tautõj te ménon kath' 'eautó te keĩtai choútōs émpedon aũthi ménei·* „Sowohl Selbiges/ Selbst (Ύ4) als auch im Selbigen/Selbst bleibend, befindet es sich auch in/bei/für sich selbst (Ύ3) und bleibt so feststehend daselbst (Ύ3')." Der geneigte Mitdenker, natürlich auch die geneigte Mitdenkerin, setze für *tautón* doch einmal skr. *ātman* (selbst, Selbst) und lese den Satz virtuell im Kontext der Prinzipienlehre des Vedānta.

[12] Cf. Parmenides B3; B8.34-41 = M7; M11.34-41.

[13] Cf. Parmenides B4.1 = M8.1.

[14] Cf. Parmenides B8.50-51 = M11.50-51. Das *nóēma* von Zeile 50, mit dem Parmenides seine eigene Einsicht, die glaubhafte Geisterkenntnis von der Wahrheit bezeichnet, scheint zwar mit „Gedanke" oder „Erkenntnis" im begriffsphilosophischen Sinne zu übersetzen zu sein, da es sich jedoch in ihrer ausgesprochenen Form um die verläßliche Rede (*pistòn lógon*) über den da-seienden und wahr-seienden (*pélein kaì etḗtumon*) Weg handelt, ist dies sicherlich in Richtung Geisterkenntnis im platonistischen Verständnis zu verstehen.

[15] Cf. Parmenides B8.60-61 = M11.60-61; *diákosmos* = Einrichtung, Anordnung, Einteilung, ‚Durch-Ordnung', cf. F. Lämmli, Vom Chaos

die Meinungs-, Vorstellungs- und (Er)Schein(ungs)-welt des Sicht- und Denkbaren (*dóxa*)[16] der Namen (*ónom*(*a*)) [des Alls] über,[17] indem

(Υ'⟨3⟩/2) die Zwieschädel (*díkranoi*)[18] und Sterblichen in der Täuschung/Berückung/Verlockung, es sei wahr, ihre Anschauungen/Meinungen in der Weise aufstellen/festsetzen, (*brotoì katéthento pepoithótes eĩnai alēthẽ*),[19] daß sie zwei Formen (be)nennen (*morphàs gàr katéthento dúo gnṓmas onomázein*), von denen eine nicht zulässig ist, worin sie sich eben irren (*tõn mían ou chreṓn estin – en 'õj peplanēménoi eisín*),[20]

---

zum Kosmos, 2.98[357]: „Schon bei Parmenides (…) scheint mir *Dia*kosmos diesen spezifischen Sinn der Welt der Trennung zu haben, … Selbstverständlich kann es dann statt dual (so zunächst bei Parmenides) auch plural verwendet werden; so auch bei Thuk[ydides].4, 93, 4 'distributiv' von einer militärischen Aufstellung."

16 Cf. Parmenides B1.30, B8.51, B19.1 = M4.30, M11.51, M36.1. Zum vielschichtigen Gebrauch von *dóxa* cf. A. P. D. Mourelatos, The Deceptive Words of Parmenides' "*Doxa*".

17 Cf. Parmenides B8.38: *tõj pánt' ónma*(*a*) *éstai* ≠ M11.38: *onómastai.*

18 Cf. Parmenides B6.5 = M9.5.

19 Cf. Parmenides B8.39 = M11.39. In H. P. Sturm, Leere im Herzen, p. 126, Zeile 9 von unten und idem, Weder Sein noch Nichtsein, p. 269, Zeile 2 von unten und o.c., p. 273, Zeile 4 von oben, ist das durch eine Ungenauigkeit mit »Erdichtungen«, und »erdichtet habend« umschriebene *pepoithótes* prägnanter mit »getäuscht, berückt, verlockt, verführt, überredet, vermeinend, wähnend, dafürhaltend« bzw. deren Paronyme zu ersetzen. Zwar kann das Wort auch die erkenntnistheoretisch schwächere Konnotation »überredet, überzeugt, im Vertrauen auf, im Glauben an« haben, da es sich im Parmenideischen Kontext jedoch um deren Fehlformen handelt, sind die in den Wörterbüchern des Altgriechischen verzeichneten erstgenannten Bedeutungen den Übersetzungen der verwendeten Ausgaben eindeutig vorzuziehen.

20 Da in dieser Aussage verschiedene Sinnrichtungen vereint sind, gelingt es mir nicht, diesen Punkt eindeutig zu verorten; siehe zu dieser Problematik auch den folgenden Haupttext.

(Υ2/1) sie in Gestalt (*démas*) von Gegensätzen (*tantía*) scheiden (*ekrínanto*) und ihre Kennzeichen/Merkmale voneinander gesondert hinstellen/festlegen (*sḗmat' éthento chōrìs ap' allḗlōn*):[21]

(Υ2) mildes, leichtes, ätherisches Flammenfeuer und

(Υ1) dichte, schwere, helligkeitslose Nacht,[22]

(Υ2/1) Entstehen und Vergehen, Sein und Nichts, Orts- und Farbwechsel auf der objektiven Seite,[23]

(Υ'2/1) die auf der subjektiven Seite im Hin- und Herschwanken des Geistes (*plaktòn nóon*) [zwischen den Opposita] bei den Irren(den), gleicherweise Stumpfsinnigen wie Verblendeten, Verdutzten/Verwirrten, dem unentschiedenen Haufen (*ákrita phũla*), ihr Pendant haben.[24]

(Υ'2/⟨3⟩) Doch auch in diesem Bereich begrifflichen Denkens muß das Gemeinte (*tà dokoũnta*) einen gewissen Gültigkeitsgrad aufweisen (*chrẽn dokímōs eĩnai*), indem es durchweg alles durchdringt (*dià pantòs pánta perõnta*), also allgemeingültig ist.[25]

---

[21] Cf. Parmenides B8.53-56 = M11.53-56.

[22] Cf. Parmenides B8.55-59 = M11.55-59.

[23] Cf. Parmenides B8.40-41 = M11.40-41: *gígnesthai te kaì óllusthai, eĩnai te kaì ouchí, kaì tópon allássein diá te chróa phanòn ameíbein.*

[24] Cf. Parmenides B6.6-7 = M9.6-7: *'oi dè phoroũntai kōphoì 'omõs tuphloí te, tethēpótes, ákrita phũla.* Die erste viergliedrige Skizze des Seinsgedankens von Parmenides legte ich in H. P. Sturm, Leere im Herzen, pp. 126-128, vor; die versehentliche Textwiedergabe *dúo gnõmas* im Haupttext meines Artikels, o. c., p. 126, Zeile 5 von unten (mit Beleg in Fn. 47) ist in *morphàs .. dúo* zu korrigieren; dasselbe gilt für H. P. Sturm, Weder Sein noch Nichtsein, p. 273, Zeile 6 von oben mit Beleg in Fn. 20.

[25] Cf. Parmenides B1.31-32 = M4.31-32.

Zur diffizilen Feingliederung des geistig-denkerischen Bereichs bei Parmenides, das interessierten Geistforschern mit der obigen Skalierung und der Aufforderung, sie entlang der überlieferten Fragmente zu prüfen, versuchsweise einmal zugemutet wird, ist verdeutlichend zu bemerken, daß der reine Geist als eine Art Januskopf einheitlich-zwiefältig oder im Übergang vom transzendental bestimmten Einheitsprinzip: EĩnaiNoũs (Ϋ4) zum Geist als (analytisch betrachtet) eigenständiger Wesenheit verstanden werden sollte: Noũs–Eĩnai (Ϋ3), durch welchen erhellt/betrachtet (*leũsse d' 'ómōs .. nóōi*) auch das Abwesende als beständig anwesend (*apeónta .. pareónta bebaíōs*) erscheint,[26] d.h. Allgegenwärtigkeit und Unverborgenheit (*alḗtheia*)[27] im Sinne eines Sowohl–Als-auch herrscht. Der Bereich der diesbezüglich erzielbaren zuverlässigen geistigen Einsicht und Rede von Parmenides selbst, dem von Sokrates so genannten Vater, Großen, Ehrwürdigen, Gewaltigen/Furchtbaren, von einer ganz herrlichen Tiefe Durchwalteten und Einzig-/ Einsseienden selbst,[28] die durch keine Anschauung oder

[26] Cf. Parmenides B4 = M8.

[27] E. Heitsch, Parmenides: Die Fragmente, pp. 90–98, weist zwar auf diese Bedeutung des Parmenideischen Wahrheitsbegriffs unter dem Titel der „Evidenz", weiß aber die metaphysische Zusammengehörigkeit des aussage- und gegenstandsspezifischen Aspekts von einer modernistisch-überkritischen Warte aus nicht zu würdigen.

[28] Cf. Platon, Sophistes 241d5; 237a5; idem, Theaitetos 183e5–9; P. Kingsley, In the Dark Places of Wisdom, 44–51; idem, Reality, pp. 303–306, stellt Platon als geistigen „Vatermörder" dar, der die Lehre von Parmenides durch seine Dialektik im ›Parmenides-Dialog‹, der nur eine absichtliche Fiktion, Verdrehung, Fälschung und Verdunklung sei, „von der Ebene der Offenbarung auf die Ebene des rationalen Arguments" (o.c., p. 306, aus Zitat E. R. Dodds, The Greeks and the Irrational, p. 209) verlagert und so „eine Menge von Theorien, endlose Diskussionen über Probleme von Problemen von Problemen" erzeugt, die zu überhaupt keinem Verständnis und nirgendwohin geführt, doch die uns vertraute Philosophie ins Leben gerufen hätten. Angesichts einer

Meinung sonst zu überholen bzw. überbieten sei, erstreckt sich qua Teilhabe am Wahren und Zuverlässigen, eben des Geistes, von diesem bis zum von diesem für gültig zu erklärenden (Wahrheit bzw. Evidenz gewährenden) Begriffsdenken vernunft-seelischer Provenienz (ϒ3/2).

Damit aber nicht genug. Strikt zu berücksichtigen sind nämlich noch diejenigen intellektuellen, besser, intellectualen Leistungen, die von den Zwieschädeln, also allen im dualen Subjekt-Objekt-Modus Denkenden, wie sehr sie auch fehlgehen, neben oder eher unterhalb der (zer-, auf-, aus- oder zuteilenden, gr. *daiomai* / skr. √*day*) Gottheit/Göttin (*daímōn*) (ϒ4) vollbracht werden, die sich in einer über- oder vorweltlichen geistigen Schöpfung – auf die ich hinsichtlich ihrer Stellung innerhalb von Kosmogonien, ihrer Funktion als eines kosmogonischen Prinzips und ihrer internen Struktur in der Betrachtung von Spekulationen verschiedenster Herkunft und Art noch öfters zu sprechen kommen werde – als allerersten von allen Göttern den Eros (ϒ3) ausdachte bzw. ausmaß (*mētísato*) (ϒ3½).[29]

---

solchen Argumentation und einem Gesamtwerk des zitierten Gelehrten von um die 2000 Seiten muß man sich wahrlich fragen, ob sie/es selbst auf der Platon unterstellten Verfälschung und Verdunklung basiert. – Bei Beherrschung der Dialektik wär' das nicht passiert.

[29] Cf. Parmenides B13 = M17-18; dazu gegen Ende des vorliegenden Buches noch eine Bemerkung in Zusammenhang mit dem ›Derveni-Papyrus‹. Sachlich und sprachlich hat dies sein Gegenstück im Indischen, wo die Manifestation des Urprinzips durch ein Aus-messen, d.h. Dimensionieren des Dimensionslosen, des Maß-losen, Unermeßlichen, geschieht, das unter dem Begriff *māyā* bekannt ist, der mit dem hier relevanten griechischen *mētísato* etymologisch verwandt zu sein scheint: indeuropäische Wortwurzel √*mē*/(*med*) = skr. √*mā*, cf. A. Walde, Vergleichendes Wörterbuch der indogermanischen Sprachen, 2.219-220, 2.237-238, 2.259-260; daraus abzuleiten: dt. messen, Maß; lat. *metior, meditor, modus, meditor, medeor* und gr. *médō, metréō, métron, mētiáō, mễtis*. Nach M. Mayrhofer, Kurzgefaßtes etymologisches Wörterbuch des Altindischen, 2.624-625, gibt es vier kontrovers diskutierte Herleitungen

Als Erdichter und Vermesser der durch Gegensätzlichkeit gekennzeichneten Ausdehnung des Diákosmos mit seinem durchgängigen Wandel kommt den Doppelköpfen (*díkranoi*), der Gottheit in verminderter Potenz entsprechend, die Fähigkeit zu, sowohl in diesem und über diesen gültiges Begriffswissen im Sinne von Meinungen kraft der in dem Gemeinten waltenden Universalität zu erlangen (Υ'3) als auch durch einen nachgerade magischen Nachschöpfungsakt blinden gedanklich-sprachlichen In-die-Welt-Setzens (*katéthento pepoithótes*) (Υ2) die sichtbare Welt bzw. die Dinge (Υ1) zu konstituieren, also die eigentliche Funktion des Geistes als Projektor des Welthaften mitsamt dem darin Vorkommenden auszuüben. Dieses Vermögen ist letztlich in der ursprünglichen Selbstheit oder Selbigkeit von Geisterkenntnis und geistig Erkanntem (Sein), verankert, die auf der Ebene des normalen Denkens in begrifflichen Gegensatzpaaren nur vermindert, nicht aber gesprengt ist, was bei einem in einen ‚Elementismus' (Licht/leicht–Nacht/schwer) mündenden Monismus auch gar nicht anders sein kann.

Die bipolar-konstitutiven Elementarqualitäten des Diákosmos (Licht–Nacht, Sein–Nichts etc.) und der in ihm lebenden und erkennenden Menschen korrespondieren nämlich in ihrem Mischungsverhältnis. Je nach Bewußtseinsinhalt, also je nach dem, was gedacht und dabei empfunden wird, stellt sich ein

---

des Wortes; die gängige ist, skr. √*mā* mit messen, aus-, ver-, be-, durch-, ab-, zumessen, berechnen, zählen (auch im kognitiven Sinne von untersuchen, prüfen, beurteilen, durch die Maßgabekraft des Geistes bewirken) in Verbindung zu bringen; die zweite, sie in Zusammenhang mit »Macht, Kraft« zu bringen; die dritte, sie aus »winken« und die vierte, sie aus »wunderbar« abzuleiten. Nach einer esoterischen Etymologie (Etymogelei) des Tantra wird *māyā* metaphysisch konsequent auf folgende Weise erklärt, cf. S. N. L. Shrivastava, Śaṃkara and Bradley, p. 208: „Das Wort *māyā* ist eine Kombination aus zwei Wörtern: *mā* und *yā*, die in dieser Reihenfolge 'nicht' und 'welches' und zusammengenommen 'das, welches nicht ist', bedeuten." B. Dâs, The Science of Peace, p. 160.

entsprechender natürlicher Zustand (*phúsis*) im beseelten Leib ein. Die Beschaffenheit des ‚Bewußtseienden' und des ‚Seienden' variiert proportional zum Anteil der Basalqualitäten in ihnen. Das kommt einer Schein-Transformation des wesenhaft untransformierbaren Ur-BewußtSeins gleich, deren Modus in Zusammenhang mit analogen indischen Lehren noch beschrieben werden wird. Was der Mensch denkt, das ist er, und umgekehrt: je licht- und seinserfüllter einer ist, desto mehr erkennt er Wahr-Wirkliches, je verdunkelter, umnachteter und nichtsdurchdrungener, desto mehr Unwahr-Unwirkliches.

„‹Denn wie sich jeweils die Mischung [von Licht und Nacht] der starken Schwankungen unterworfenen Konstitution verhält, so ist das Erkennen/der Geist den Menschen zur Stelle. Denn ebendasselbe ist: was man im Bewußtsein/Sinn hat – die (natürliche) Beschaffenheit der Konstitution, sowohl bei allen wie bei jedem Menschen [Übersetzungsvariante: ‹Denn genau identisch ist die Natur der Konstitution mit dem, was sie im Bewußtsein/Sinn hat, sowohl bei allen wie bei jedem Menschen]. Das Volle ist nämlich Erkenntnis/Erkanntes.›“[30]

„Die Idee ist folglich, daß in jedem Denkakt die Vollständigkeit des Elements in seiner ursprünglichen Identität wiederhergestellt wird, natürlich auf einer niedrigeren Stufe. Diese Interpretation ist nicht nur in sich stimmig, sondern hat auch den Vorteil, eine weitere Korrespondenz zwischen den zwei Teilen des Gedichts herzustellen: der in B 3 (cf. B8. 34)

---

[30] Parmenides B16 ≊ M31, Text nach M: ‹*‘ōs gàr ‘ekástot’ échei krãsin meléōn poluplágktōn, / tȏs nóos anthrṓpoisi paréstēken· tò gàr autó / éstin ‘óper phronéei meléōn phúsis anthrṓpoisin / kaì pãsin kaì pantí· tò gàr pléon estì nóēma.*› Meine Übersetzung mit Erläuterungen in eckigen Klammern und Interpretation stützt sich auf die Ausführungen von H. Fränkel, Wege und Formen frühgriechischen Denkens, pp. 173–179. Zur Bedeutung des nicht ganz klaren Schlußsatzes siehe die einleuchtende Erklärung, die ich direkt anschließend im Haupttext zitiere. Cf. A. M. Frenkian, Études de philosophie présocratique II, pp. 74–75.

gefeierten Identität von Sein und wahrem Denken korrespondiert eine Identität zwischen den zwei Elementarformen auf der einen Seite und dem schwankenden Denken des Menschen auf der anderen."[31] Anders und um einiges drastischer ausgedrückt heißt das: „Die beiden extremen Grenzfälle ... sind der Zustand der totalen Erleuchtung, die in dem Begnadeten für keinen Erdenrest mehr Raum läßt und ihn ganz mit echtem Sein erfüllt; und der Zustand des Todes, in dem der Mensch nur Nichtsein ist und nur Nichtsein wahrnimmt, nur Finsternis sieht, Schweigen hört, und Kälte fühlt."[32]

Analog ist die Lehre von Herakleitos zu verstehen, auch wenn sie nicht die gleichen bipolaren Elementarqualitäten in Anspruch nimmt: Die Einsicht und Weisheit der Seele hängt von ihrer Verfassung derart ab, daß die dem Feurigen am nächsten stehende, die trockene (*aúē*), lichthaft-strahlende, durch Ausdorrung feste (*augḕ xērḕ psuchḕ*), die weiseste und erlauchteste (*sophōtátē kaì arístē*), die feuchte/fließende (*'ugrḕn*) dagegen schwankend, taumelnd, fehlgehend, strauchelnd, (umher)irrend (*sphallómenos*) ist.[33]

Die Kognitionsleistungen des Menschen (skr. *manu*), und

---

[31] A. Laks, 'The More' and 'The Full', pp. 8–9. I. M. Crystal, Self-Intellection and its Epistemological Origins in Ancient Greek Thought, p. 46[89], der dieser Exegese folgt, weist auf zwei Interpreten, die in dem Vollen (*pleĩon*) von Fragment B16 das Analogon des Seins (*eĩnai*) von Fragment B8 wiedererkennen wollen, u. a. auf die im angelsächsischen Sprachraum beachtete Studie: ⟨ed./tr.⟩ D. Gallop, Parmenides of Elea: Fragments, p. 87.

[32] H. Fränkel, Wege und Formen frühgriechischen Denkens, p. 179.

[33] Cf. Herakleitos B36, B77, B117–118 = M87–90. Der Unterschied beider Entwürfe scheint darin zu bestehen, daß bei Heraklit die drei Urelemente ineinander übergehen können (Proportionen), während bei Parmenides die beiden Urelemente getrennt bleiben und nur durch Anziehung und Mischung interagieren (Summen), cf. H. Fränkel, A Thought Pattern in Heraclitus, p. 330.

das heißt etymologisch verstanden, des Meinenden (skr. *mantṛ/ manīṣin*) und des Lügenden (lat. *mentiens*) gleicherweise,[34] gehen gemäß Parmenides und Herakleitos insofern mit verschiedenen Konkretions- bzw. Diversifikationsstadien des Seins bzw. des Einen einher. Bei dieser Sachlage drängt sich freilich die im folgenden zu beantwortende Frage auf, wie realistisch der eleatische und heraklitische Monismus sein kann und wie irrealistisch, der über seinen kulturellen Tellerrand zwar nicht hinausblickende, sich jedoch universalistisch gerierende abendländische Durchschnittsgelehrte würde sagen, wie ‚indisch', er am Ende sein muß.

---

[34] Cf. A. Walde, Vergleichendes Wörterbuch der indogermanischen Sprachen, 2.264–266; 2.270–271.

2 *Rūpa-Nāma–nāma-rūpa* Früher Vedānta und Parmenides

Entgegen dem generellen Aufbau meiner Studie, der die Geistanatomie entlang ihrer historisch vorfindlichen Ausdrucksformen mehr oder minder scharf getrennt in die westliche und die östliche Entwicklungslinie, mit Querverweisen allerdings, zur Darstellung bringt, komme ich am hiesigen Punkt der Argumentation nicht umhin, den altgriechischen die analogen altindischen Ideen direkt gegenüberzustellen, um damit die Gestalt(ungs)prinzipien des BewußtSeins zu verdeutlichen, die hier in statu nascendi betrachtet und in ihrer universalen, oder anders ausgedrückt, in ihrer transkulturalen Qualität dingfest gemacht werden können. Dabei bediene ich mich eines mehrschichtigen Sandwichverfahrens, ich nenne es einmal so, in dem sich frühvedāntische und altgriechische Scheiben von Gedankengut abwechseln, wodurch ein antik-philosophischer Genußhappen der Güteklasse I entstehen sollte.

So entspricht der Parmenideischen Scheidung von Erscheinung/Schein, Namen und Sein auf indischer Seite die vermutlich noch früher niedergelegte Einsicht, daß das Nichtganze/Geteilte (*akṛtsna*), Manifestierte/Entwickelte (*vyākriyata*) (ϒ2/1), in das Gegensatzpaar von Name/Begriff, Idealem, Mentalem, Seelischem, Konzeptuellem (*nāma*) (ϒ2) und Form/Gestalt, Realem, Körperlichem, Sinnlichem, Perzeptuellem, Phänomenalem (*rūpa*) (ϒ1) Ausgestaltete, dem Diesen (*idam*), Unmanifestierten/Unentwickelten (*avyākṛtam*), dem Ātman (*ātman*) oder Selbst (ϒ4), ausschließlich als Namen Seines Wirkens, Schaffens, Handelns oder Tuns (*karma-nāmāny-eva*)

(ϒ3) gegenübergestellt ist. Deshalb kann dieses Handeln qua Manifestation, Entfaltung oder Entwicklung (*vyākriyata*) nur Sprachhandeln, Namensgebung, der Logos-Akt des Benennens und folglich des Namen-Bekommens (*nāma bhavati*) auf seiten des Benannten oder Genannten sein. Die Welt: eine Mär.

Insoweit ist es in seiner immanenten Form sowohl dem trügerischen Benennen und Bestimmen zweier Formen und Entgegensetzungen, die nach Parmenides, dem von einer ganz herrlichen Tiefe Durchwalteten (*báthos ti échein pantápasi gennaĩon*), die Weltextension (*diákosmos*) bilden, als auch der Mit-Namen-Versehung der Gegensatzpaare nahezu gleich, die gemäß Herakleitos dem Düsteren, wie anschließend gezeigt wird, das scheinhafte Erscheinungshafte, trügerische Phänomenale (*phanerón*) kennzeichnen. Wer seine Aufmerksamkeit auf das eine oder andere, das einzelne (*ekaikam*) lenke (*upāste*), der wisse nicht(s) (*na sa veda*), denn nicht-ganz/zerteilt werde Dieser durch das eine und/oder andere, das einzelne (*akṛtsno hy-eṣo-'ta ekaikena bhavati*), den von Parmenides vorgeführten Doppel- und Wirrköpfen, und wie wir gleich sehen werden, den von Herakleitos gescholtenen Vielen und Vielwissern verwandt.

Komparatistische Beachtung ist der vertauschten Bedeutung und damit Stellung von Form/Gestalt (*rūpa*) in den ved(ānt)ischen gegenüber europäischen, besonders platonistischen und platonistisch beeinflußten Systementwürfen zu schenken, wo Form qua gr. *idéa, eĩdos, morphḗ, lógoi, archétupos* etc. und lat. *forma(tio), species, archetypus* für das Geistige und Begriffliche steht und das Anschaulich-Gestalthafte, die sichtbare Form (skr. *rūpa*), das sinnlich Wahrnehmbare (gr. *aisthētón, 'oratón / lat. visum*), Gegenstände (gr. *prágmata / lat. res*) oder Gestalten, Wesen (gr. *zõja / lat. corpora*), Erscheinung (gr. *phainómenon*) usw. genannt wird. „Man weiß, daß die Individualität in der Hindu-Tradition als aus der Vereinigung zweier Elemente konstituiert angesehen wird oder genauer aus zwei Gesamtheiten von Elementen, die jeweils mit den Bezeichnungen *nâma* und *rûpa* benannt werden, die wortwörtlich «Name» und «Form» bedeuten; und im allgemeinen zum zusammengesetzten Ausdruck *nâma-rûpa* vereinigt, der so die Individualität als ganze umfaßt, entspricht *nâma* der «essentiellen» Seite dieser Individualität und *rûpa* ihrer «substantiellen» Seite. Das ist also fast ein Äquivalent von ειδος und υλη des Aristoteles oder von dem, was die Scholastiker «Form» und «Materie» nannten. Doch muß man sich hier sehr vor einer ziemlich unglückseligen Unvollkommenheit der okzidentalen Terminologie in Acht nehmen: «Form» entspricht dort nämlich *nâma,* wohingegen wenn man dasselbe Wort in seinem üblichen Sinne auffaßt, ist es im Gegensatz dazu *rûpa,* das man mit «Form» übersetzen muß."[1]

Das Nāmahafte kommt aber auch, das ist zum Verständnis des Vedānta wichtig, in einer sublimierten Variante vor, als die es einem supra-sensuellen, supra-individuellen, formlosen, unbedingten Bereich zugehört, der das Rūpahafte übersteigt. Danach „... ist *nâma* immer noch ein Äquivalent des griechischen ειδος, dieses Mal jedoch eher im Platonischen, denn im Aristotelischen Sinne: das ist die «Idee» nicht in der psychologischen und «subjektiven» Bedeutung, die ihr die Modernen geben, sondern im transzendenten Sinne des «Archetyps», d.h. als Wirklichkeit der «intelligiblen Welt», von der uns die «sensuelle Welt» nur einen Reflex oder einen Schatten darbietet; ..."[2] Solche Feinheiten im vedāntischen Gebrauch von *nāma* und *rūpa* werden in diesem Kapitel noch einige Male begegnen.

Subtile Oszillationen in deren Bedeutung sind auch im Buddhismus festzustellen, wodurch das Verhältnis beider zueinander fein zu differenzieren ist: einerseits steht *rūpa* oder *kāya* für

---

1 R. Guénon, Études sur l'hindouisme (NĀMA-RŪPA), p. 95.

2 R. Guénon, Études sur l'hindouisme (NĀMA-RŪPA), pp. 97–98.

das Sinnliche, Körperliche, *nāma* für das Psychisch-Mentale, nämlich die übrigen vier Daseinsfaktoren (skr. *skhandha* / pāl. *khandha*), die normalerweise als formlose (*arūpino khandhā*) bezeichnet werden; andererseits ist in der Dreiwelt- oder Dreielemente-Einteilung (*trai-lokya/tri-dhātu*) die Mittelschicht, die Formwelt oder das Gestaltelement (*rūpa-loka/rūpa-dhātu*), als Reich der reinen Formen (*rūpa-avacara*) die Sphäre der mentalen (*mano-maya*), geistigen, leidenschaftslosen Lichtwesen, während der Bereich der puren Form- oder Gestaltlosigkeit (pāl. *arūpo*) über dieser verortet und dem reinen Geist oder Bewußtsein zugeordnet ist (pāl. *saññā-mayo*).[3]

Man solle seine Aufmerksamkeit dem Ātman selbst schenken, denn dabei würden alle Begriff-Gestalt-Komplexe eins bzw. das Eine (*ātmā-ity-eva-upāsīta-atra hy-ete sarva ekam bhavanti*). Ich will den Textabschnitt, auf dem meine Argumentation dieses Kapitels auf vedāntischer Seite bis hierher beruht, wortgetreu übersetzen, an den entscheidenden Stellen paragraphieren und konjektural mit Ordinalen versehen, um zu demonstrieren, daß es zwar keiner Hexerei bedarf, diese Weltwerdetheorie vierphasig auszulegen, die Skalierung aber auf das Vorwissen um die Gestalt- wie Gestaltungsprinzipien rekurrieren muß.

(ϒ4) „Damals war Dies da wahrlich (*tad-dha-idaṃ*) unmanifestiert (*avyākṛtam*). Eben Dieses
(ϒ3) manifestierte sich durch Name-Form
(ϒ2) [, so daß es heißt]: »jener hat diesen [oder jenen] Namen,

[3] Ausführungen dazu im Faszikel II/6, Kapitel 2.1. Relfexionstheoretisch wird, wie in der ersten Abteilung dieses Werkes geschehen, Bezeichnung = Name = Konzept in der Bedeutung von Form (*nāma*) und Bezeichenbares = Perzept = Gestalt/Form in der Bedeutung von Inhalt (*rūpa*) verwendet.

(ϒ1) dieser ist von der [und der] Gestalt.«

(ϒ4) Eben Dieses

(ϒ3) entfaltet/manifestiert sich auch heute durch Name-Form

(ϒ2) [, so daß es heißt]: »jener hat diesen [oder jenen] Namen,

(ϒ1) dieser ist von der [und der] Gestalt.«

(ϒ4) Er, Dieser [Ātman] ist

(ϒ2/1) hier

(ϒ3) eingegangen

(ϒ2/1) bis in die Nagelspitzen, wie ein Rasiermesser wohl in einer Messerscheide geborgen ist oder das Alleserhaltende [Feuer] an der Feuerstelle. Dieser wird nicht wahrgenommen, denn Er ist [als hier Eingegangener] nichtganz/zerteilt:

(ϒ1_3) atmend bekommt Er den Namen (*nāma bhavati*) Atem/Hauch/Lebenskraft,

(ϒ2_1) sprechend den Namen Sprache/Rede,

(ϒ1_2) sehend den Namen Auge,

(ϒ1_1) hörend den Namen Gehör/Ohr,

(ϒ2_2) denkend den Namen Vernunft/Denkvermögen. Genau dies sind nur die Namen

(ϒ3) Seines Wirkens.

(ϒ2/1) Wer seine Aufmerksamkeit auf das einzelne [eine oder andere] lenkt, der hat kein/nicht Wissen, denn nichtganz/zerteilt wird

(ϒ4) Dieser

(ϒ2/1) durch das einzelne [eine oder andere].

(ϒ4) Man soll seine Aufmerksamkeit dem Ātman/Selbst allein schenken, denn dabei

(ϒ3) werden

(ϒ2/1) alle [genannten Teilaspekte, die auf Bezeichnung/Name (*nāma*) und Bezeichenbarem/Gestalt (*rūpa*) beruhen, nämlich Nagelspitze, Atem, Sprache. Auge,

Gehör, Vernunft]

(Υ4) Eins. Was Dieser Ātman ist, das gerade ist das Aufzuspürende von dem allem/All, denn durch dieses/Diesen wird dies alles/All gewußt/erkannt, gerade wie man durch eine Spur [etwas] findet. Ruhm und Ehre findet also, wer solches weiß."[4]

Ich halte es für vertretbar, gar für angebracht, durch Kontraktion von Name und Form zu Name-Form (*nāmarūpa*) = Geist in der jeweils ersten Nennung im Sinne der indistinkten

---

[4] Bṛhadāraṇyaka-Upaniṣad 1.4.7, ⟨ed.⟩ J. L. Shastri, Upaniṣatsaṅgrahaḥ, pp. 88–89 (mit meinen erläuternden Ergänzungen in eckigen Klammern): *tad-dha-idaṃ tarhy-avyākṛtam-āsīt-tan-nāma-rūpābhyām-eva vyākriyata-asau nāma-ayam-idaṃ-rūpa iti tad-idam-apy-etarhi nāma-rūpābhyām-eva vyākriyate-'sau-nāma-ayam-idaṃ-rūpa iti sa eṣa iha praviṣṭaḥ* | *ānakha-agrebhyo yathā kṣuraḥ kṣura-dhāne-'vahitaḥ syād-viśvam-bharo vā viśvam-bhara-kulāye taṃ na paśyanti* | *akṛtsno hi saḥ prāṇann-eva prāṇo nāma bhavati* | *vadan vāk paśyaṃś-cakṣuḥ śṛṇvan śrotraṃ manvāno manas-tāny-asya-etāni karma-nāmāny-eva* | *sa yo-'ta eka-ekam-upāste na sa veda-akṛtsno hy-eṣo-'ta eka-ekena bhavaty-ātmā-ity-eva-upāsīta-atra hy-ete sarva ekam bhavanti* | *tad-etat-padanīyam-asya sarvasya yad-ayam-ātmā-'nena hy-etat-sarvaṃ veda* | *yathā ha vai padena-anuvinded-evaṃ kīrtiṃ ślokaṃ vindate ya evaṃ veda* ‖. Die kategoriale Stellung des Ātman im vorletzten Satz ist nicht eindeutig; einmal ist Er das Aufzuspürende (*padanīyam*) – die meisten Übersetzer in moderne westliche Sprachen paraphrasieren das, um ihre eigene Vorstellung hineinzulesen –, das Ziel also der Erkenntnisbemühung (Υ4), ein andermal die (Fuß-)Spur, unter welcher ich den Geist als Richtungsgeber auf das Ziel zu und Archetypus von diesem (Υ3) verstehe; ob die Interpretation des Brahman-Ātman-Verhältnisses von L. Gabriel, Vom Brahma zur Existenz, pp. 23–32; idem, Einführung in indisches Denken, pp. XXII–XXIX, auf einen solchen Gedanken abzielt, wenn er o.c., p. XXIII, diese Fährte als Weg und diesen als „Weg, auf dem das Brahma zu sich selbst, d.h. zu seinem Selbst kommt und so das »An-sich« für sich, d.i. Ātmā wird", deutet, kann ich nicht entscheiden, wird doch das Ansich (Υ4) dabei nicht gegen das Fürsich (Υ3) abgehoben; im Faszikel II/6 werde ich demgegenüber zeigen, daß Brahman in der vedischen Spekulation eine dem Ansich untergeordnete Kategorie darstellen und die Rolle des Fürsich spielen konnte.

(potentialen) Unterscheidung von Geistintuition (*noeĩn*) und geistig Intuiertem (*noētón*) (ϒ3) und das anschließende Verständnis dieser als (aktual) distinkte Verschiedenheit (Name und Form, Denken und Gedachtes im weltlichen Modus) bei der je zweiten Nennung (*nāma-rūpa*) (ϒ2/1) zwischen einem extra- und einem intrakosmischen Aspekt zu unterscheiden.

»Name-und-Form«, diese Grundkategorie indischer Metaphysik gliedert nämlich schon in frühen vedisch-vedāntischen Spekulationen das BewußtSein nicht nur in eine Dichotomie, sondern auch in eine Hierarchie. Diese umfaßt sowohl einen aposteriorischen, empirischen als auch einen apriorischen, transzendent(al)en Abschnitt. „Das *nāma* ist nicht der Name, sondern die Idee, der Archetyp, das wesentliche Charakteristikum, und das *rūpa* ist der existentielle Kontext, die sichtbare Verkörperung der Idee. In jedem Gegenstand existieren diese beiden Elemente, das Prinzip, das durch den Intellekt begriffen und die Hülle, die durch die Sinne erfaßt wird. Während *nāma* die innere Kraft ist, ist *rūpa* ihre sinnliche Manifestation. Wenn wir die Welt als ganze nehmen, haben wir das eine *nāma* oder Allbewußtsein, das das eine *rūpa,* das konkrete Universum erfüllt. Die verschiedenen *nāma-rūpas* sind die unterschiedenen/entwickelten Bedingungen des einen *nāma,* des Weltbewußtseins.“[5] Angesichts dessen kann man geradezu von einer

---

[5] S. Radhakrishnan, The Principal Upaniṣads, p. 167, Anmerkung zu Bṛhadāraṇyaka-Upaniṣad 1.4.7. Ein Jahrzehnt vor der Veröffentlichung der Upaniṣad-Übersetzung von Radhakrishnan gibt M. Falk, Nāma-Rūpa and Dharma-Rūpa, p. 19, eine kürzere, ähnlich lautende Definition; ich bitte, das gleich anschließend im Haupttext gegebene Zitat eines analogen Passus aus der Studie von Falk zu beachten; cf. zudem B. K. Smith, Reflections on Resemblance, Ritual, and Religion, pp. 70, 76, mit Verweis auf das gerade genannte Werk von M. Falk und A. K. Coomaraswamy, Selected Papers, 2.177 (Vedic Exemplarism). Siehe meine zusätzliche Bemerkung im Kapitel hier zum Śatapatha-Brāhmaṇa 11.2.3. 1-6 (Fußnote). Zu Feinheiten der philosophischen *nāma-rūpa*-Lehre im Spannungsfeld zwischen Vedānta und Buddhismus cf. K. Bhattacharya,

Nāma-Rūpa-Hypostatik sprechen. Ihr Gefälle reicht von

(ϒ4) der (einen) Urform/Urgestalt des Urzustands (*Rūpa*)
(ϒ3) zum (einen) Urnamen oder Urwort (*Nāma*/*Vāk*), der Uridee oder dem Geistigen, wofür ich aus geisttheoretischen Gründen Name-Form (*nāmarūpa*) schreibe, und von dort über
(ϒ2) die (einzelnen) Namen, Bezeichnungen oder Begriffe (*nāmāni*) zu
(ϒ1) den (einzelnen) Formen, Gestaltungen oder Phänomenen (*rūpāni*),
(ϒ2/1) für deren Gesamtheit ich die Schreibweise Name und Form (*nāma-rūpa*) wähle.

„... vor dem Anfangen der Dinge waren alle *rūpas* [Formen/Gestalten] (ϒ1) ein *rūpa,* nämlich die unmanifestierte Gestalt des universalen *Puruṣa* [Urmenschenwesens] (ϒ4), und alle *nāmas* [Namen] (ϒ2) waren ein *nāma,* nämlich die unausgesprochene universale *Vāc* [Sprache] (ϒ3). Die negative Bewertung, die dem Begriff *nāma-rūpa* innewohnt, ist der Tatsache geschuldet, daß er mit dem Sinn der Differenzierung (ϒ2/1) der ursprünglichen unendlichen Einheit beladen war. ... *Vāc* wurde als der weibliche Aspekt von *Puruṣa* hypostasiert, den man sich androgyn (ϒ3') vorstellte. Zu Beginn des Manifestationsvorgangs spaltet (ϒ3½) sich der Androgyn in das Männliche (ϒ3_2) und das Weibliche (ϒ3_1): dies ist das Urgeschehen, das in den Kosmogonien der Brāhmaṇas und der Upanishads häufig beschrieben wird.“[6]

L'ātman-brahman dans le Bouddhisme ancien, pp. 152–156.

6 M. Falk, Nāma-Rūpa and Dharma-Rūpa, pp. 2–3; die offensichtlich durch Ungenauigkeit beim Schriftsatz bedingte inkonsequente Versehung des Texts mit Schriftstyles (normal/kursiv) wurde von mir aus Gründen der Übersichtlichkeit korrigiert; Übersetzungen in eckigen und

In beiden Fällen, dem altgriechischen wie altindischen, ist der Ausgangspunkt der Entfaltung die indifferente Selbstheit/ Selbigkeit (gr. *tò autó* ≈ skr. *ātman*) (ϒ4),[7] in welcher und als welche das allgegenwärtige GewahrSein, soll heißen, das stillstehende Einheits-Bewußtsein (gr. *noeĩn/nóos* ≈ skr. *cit*) (ϒ$4_{(1)}$) zusammen mit dem ungeteilten, bloßen (Eins-)Sein (gr. *eĩnai* ≈ skr. *sat*) (ϒ$4_{(2)}$) zwitterhaft-gleichursprünglich (ϒ3') und sich entfaltend (ϒ3½) zum Selbst(ϒ$\vec{3}$)-Bewußt(ϒ3_1)-Sein(ϒ3_2)[8] oder BewußtSein im Sinne von NameForm (skr. *nāmarūpa*) = Geist (ϒ3) besteht. Insofern stellt die bipolare Primordialeinheit eine unentfaltete Zustandsform der ersten Unterscheidung zum und im Geist dar, die dort zwar noch keine Scheidung darstellt, sich im sinnlichen Bereich jedoch zu allen Unterschieden und Gegensatzpaaren ausgestaltet.

Daß das Aufbrechen der Geistsphäre in den manifesten Kosmos der Gegensatzpaare auch bei Parmenides deren Aussprechen sein könnte, ergibt sich laut einer Lesart von „*tõj pánt' ónm(a) éstai*“[9]: „Sein Name soll alles sein –“;[10] gemeint ist der Name des Seins. Das könnte als die universelle

---

Skalierung ohne Paragraphierung in runden Klammern von mir hinzugefügt.

7 Re-flexionstheoretisch unnachvollziehbar, existentiell jedoch aufrüttelnd die Meditationen zum *tò gàr autò* ... des Parmenides von M. Heidegger, Einführung in die Metaphysik, pp. 91sqq.

8 Die Feinskalierung hier betrifft, um das zur Vermeidung von Mißverständnissen zu erwähnen, die (platonistisch verstandene) Binnenstruktur des Geistigen und hat mit dem Sinn der Skala, durch die wir die verschiedenen Stufen geistiger Effizienz bei Parmenides in unserer überblickshaften Rekonstruktion oben auseinanderhalten, nur sehr vermittelt zu tun.

9 Cf. Parmenides B8.38: *tõj pánt' ónm(a) éstai*. Abweichender Text bei M11.38: *onómastai*.

10 P. Kingsley, Reality, p. 190, übersetzt nach B8.38; cf. o.c., pp. 189-191, mit Dokumentation o.c., pp. 573-576.

Namensgebung im Sinne eines metaphysischen Urlogos, vergleichbar dem ved(ānt)ischen höheren Nāma oder der Vāk, gelesen werden, heißt es doch in B8.34-35 = M11.34-35, daß das geistige Einsehen (*noeĩn*) und sein (Aus-welchem-)Grund (*'oúneken*) oder, je nach Deutung, das Ist (*ésti*) der Geisteinsicht (*nóēma*), in dem es gesagt/ausgesprochen ist (*en 'õj pephatisménon estin*), dasselbe (*tautòn d' estì*) sind, es sich hier also um ein Wort, eine Äußerung oder Artikulation (ϒ3) aus und in dem Grunde des Seins (ϒ4) handeln könnte, und da beide selbig sind, um die Einsicht in die metaphysische Identität von absolutem Sein und seiner ersten Verlautbarung, dem Geist [(ϒ4)+(ϒ3)=(ϒ3/4)=(ϒ3')]. Bei Herakleitos werden wir im nächsten Kapitel Vergleichbares kennenlernen; die Kategorien dort: Absolutes, Weises, Eines – Logos, Feuer.

Gehen wir mit dieser Information an den bekannten, vielleicht berühmtesten Ausspruch von Parmenides: „Denn das Selbe/Selbst ist Geisteinsehen und auch Sein.“[11] heran, so müßte sein außerordentlicher Sinn schlagartig aufblitzen. „Das Selbe/Selbst aber ist Geisteinsehen und die Geisteinsicht, daß »ist«.“ Oder: „Dasselbe aber ist das Geisterkennen und das, weswegen/infolgedessen die Geisterkenntnis ist.“[12] Da außer

---

[11] Parmenides B3 = M7: *tò gàr autò noeĩn estín te kaì eĩnai.* Die von der deutschen Rechtschreibung abweichende Schreibweise „das Selbe“ ist hier und anschließend ganz bewußt gewählt.

[12] Cf. Parmenides B8.34-41 = M11.34-41: *tautòn d'estì noeĩn te kaì 'oúneken ésti nóēma.* Cf. K. Albert, Philosophie der Philosophie (Mystik und Philosophie), p. 269; K. v. Fritz, Die Rolle des NOΥΣ, p. 308: „... daß im frühen Griechisch mit Einschluß des Parmenides ἕνεκα nicht oder nicht vorwiegend »um willen« bedeutet, sondern »wegen«, also nicht die causa finalis oder das Ziel wie im attischen Griechisch, sondern die causa efficiens und den logischen Grund.“ Cf. P. Kingsley, Reality, pp. 73-83, 180-183, 572-573, seine Übersetzung o.c., pp. 180, 190: „Und was für das Denken existiert, ist dasselbe wie die Ursache des Gedankens.“ erfordert keine geringen hermeneutischen Fähigkeiten und altphilologischen Kenntnisse. Die These dieses Autors ist, daß Denken nicht

dem Sei(ende)n (*párex toũ eóntos*), das ganz und unbeweglich ist (*oũlon akínētón t' émenai*), in dem das Geisteinsehen artikuliert wurde (*en 'õj pephatisménon estin*), und ohne das es nicht anzutreffen ist (*ou gàr áneu … 'eurḗseis tò noeĩn*), nichts anderes/Verschiedenes ist und sein wird (*oudèn gàr* ⟨*ḕ*⟩ *éstin ḕ éstai állo*), alles von den Sterblichen in ihrem Wähnen Konstituierte/ Festgesetzte, anderes und Verschiedenes nämlich, wie es im Text weiter heißt, oben bereits ausgeführt wurde und im Advaita-Vedānta identisch im Konzept des Entstehens durch Per-Version oder Verkehrung (*vivarta*) gedacht wird, aber nur Name (skr. *nāma* ≈ gr. *ónoma*) ist, Māyā, ein (fauler) Zauber, wie 's in Indien heißt, kann es sich bei diesem *noeĩn* des Parmenides also nicht (nur) um »Denken« im normalmenschlichen Modus handeln. „D.h. wir sind irregeleitet, wenn wir hier Dunkel und dort Licht sehen und einmal die Wärme und ein andermal die Kälte empfinden; denn die Welt ist nicht wirklich in diese Gegensätze aufgespalten. Es ist alles eines, überall und zu jeder Zeit: das ἐόν [Sein] (Υ4). Wenn diese Deutung korrekt ist, so folgt, daß selbst der πλαγκτὸς νόος [schwankende Geist] der Sterblichen (Υ2) untrennbar mit dem ἐόν verbunden bleibt. Er könnte ebensowenig ohne das ἐόν bestehen wie der νόος, der die volle Wahrheit sieht (Υ3). Aber

ohne Sein sein könne, daß es also immer Sein zum Objekt habe, nach B8.35 in ihm und nach B.8.34 durch es stattfinde; B3 = M7 übersetzt er o.c., p. 70: „Denn was für das Denken existiert und Sein sind ein und dasselbe." Eine gestufte Noologie, die das »missing link« in Form des reinen Geistes geliefert hätte, bringt er dabei nicht zur Anwendung, obwohl er o.c., p. 77, herausstellt, daß das Wort *noeĩn* ein „Strudel der Subtilitäten" war, dessen Bedeutung von »Denken« über »Sinnes-« und »direkter intuitiver Wahrnehmung« bis »Bewußtsein« und »Gewahren« reichte, der Begriff also auf mehrere kognitive Ebenen anwendbar war. G. P. Conger, Did India Influence Early Greek Philosophies?, pp. 120-122, bespricht verschiedene fachwissenschaftliche Übersetzungs- und somit Deutungsvorschläge der Fragmente B3 und B8, die sich im Spannungsfeld zwischen Metaphysik und Epistemologie bewegen.

er schweift ab und irrt, indem er das eine ἐόν in die vielen gegensätzlichen Qualitäten aufteilt, wobei er die eine hier, die andere dort findet (Υ1). Darin irrt er gänzlich und fällt der δόξα [Meinung] (Υ2) zum Opfer.“[13] Nein, diese Feststellung stammt nicht von einem vorurteilsbehafteten Interkulturalgelehrten, dessen ‚Indiotie‘ ihm das Hirn vernebelt und so den geistigen Blick auf das Wahre und Wirkliche getrübt hätte, sondern von einem diesbezüglich unverdächtigen und in der westlichen Welt geachteten Altphilologen, Doxographen und Interpreten antik greaco-romanischer Traditionsbestände.

Die weithin vertretene und anerkannte These, daß mit der berühmten Parmenideischen Formel »Denken = Sein« die Charakterisierung der (intentionalen) Erkenntnisstruktur gemeint sei, und nur diese, daß nämlich, um es entsprechend dem bei Platon durchgeführten Widerlegungsversuch der Sophisten zu formulieren, Nichtseiendes nicht gedacht oder eingesehen werden kann,[14] oder um es phänomenologisch auszudrücken, jeder Kognitionsakt mit einem Aktresultat korreliert, alles Wissen immer Wissen von oder über (etwas) irgendwie Seiendes (im allerweitesten Sinne) sein muß, d.h. an einen von ihm unterscheidbaren, ihm gegenüberstehenden ge- oder bewußten Inhalt oder Gegenstand (Objekt) gebunden ist, gar von diesem herbeigeführt oder hervorgerufen wird, ist im Kontext des Seinsmonismus des häufig mißverstandenen Eleaten nicht hinreichend. „Denn das Sein ist eins, nicht aus physisch oder gedanklich verschiedenen oder unterscheidbaren Teilen bestehend, ohne Differenzierung jeglicher Art und nicht differenzierbar. Ihm entspricht das Denken anschauend im Zustand des Gewahrseins (νοεῖν). In diesem Zustand der Erleuchtung

---

13 K. v. Fritz, Die Rolle des ΝΟΥΣ, p. 310, meine Übersetzungen in eckigen Klammern.

14 Cf. Platon, Euthydemos 284c3; 286a2-3.

ist das Denken mit seinem Gegenstand eins, Sein und Denken sind identisch, das Sein wird sich in der Einsicht des Erleuchteten seiner selbst bewußt; das Sein dieses Bewußtseins ist das Bewußtsein des Seins."[15]

Diese forscherische Einsicht der ‚Seiner-selbst-Bewußtheit des Seins' kann in zwei Richtungen gelesen werden: auf die Geist-Seins-Koinzidenz (»sowohl–als-auch«) zu, damit wir am Ende nicht mit einem missing link dastehen, oder auf die ununterschiedene Gegenstandslosigkeit (Absolutum) zu, nämlich Seins-Geist-Kollaps (»weder–noch«) zu sein, um letztlich nicht ein missing non-link in Händen zu halten. Schauen wir zu dem, was für die letztgenannte Variante spricht, einmal in die vorliegende Forschungsliteratur. „Es ist jedoch wichtig zu erwähnen, daß kein Wort die ultimative Wahrheit oder Wirklichkeit auf den Punkt bringen oder definieren kann. In ihren Aussagen liefern Parmenides und Melissos nichts weiter als Wegweiser, Hinweise, Anzeiger. Was es auch sonst noch sein mag, das Sein, wie es von den Eleaten beschildert ist, ist kein Begriff, keine Vorstellung, Abstraktion, kein Gedankenobjekt oder irgend ein anderes mentales Konstrukt. Nein, Es ist eine Aktualität. Es ist das Bewußtsein oder das Gewahrsein, das

---

[15] K. Oehler, Die Lehre vom Noetischen und Dianoetischen Denken bei Platon und Aristoteles, p. 48, mit Hinweis auf Stellen in den Werken von H. Fränkel; da Oehler die Erstauflagen von dessen Werken verwendet, möchte ich hier die einschlägigen Stellen nach den von mir benutzten, offensichtlich nicht seitenkonkordanten, überarbeiteten Editionen geben: H. Fränkel, Dichtung und Philosophie des frühen Griechentums, pp. 407-408, 417-421; idem, Wege und Formen frühgriechischen Denkens, pp. 177-178. Cf. G. Heil, Einleitung in: Pseudo-Dionysius Areopagita: Über die himmlische Hierarchie. Über die kirchliche Hierarchie, p. 5: „Parmenides hat die Entdeckung der ungeheuren Problematik, die in jedem «Das ist ...» steckt, als Erleuchtung erfahren und der Philosophie damit eine schwere Hypothek vermacht, die Frage nach einer Wissenschaft vom Seienden, der Ontologie." Zu Parmenides als Mystiker findet sich eine kleine Allegation in H. P. Sturm, Weder Sein noch Nichtsein, p. 276.

sich nur dann manifestiert, wenn sich alles Denken, Analysieren und Argumentieren legt und tiefe Stille eintritt.“[16]

Dessen Erschließung muß nicht notwendig einer mystischen Erleuchtungserfahrung, sondern kann ebensogut der Evidenz reflektorischer Durchleuchtung, Klärung oder Erhellung, wie sie hier geleistet wird, entstammen, was die Möglichkeit des Mystischen nicht ausschließt, sondern geradezu fordert, und ist im platon(ist)ischen Sinne der Geist-Kategorie (*noũs*) zu deuten: entweder a) als Charakterisierung des Geistes qua Hypostase in seinen Hauptphasen (ϒ3) oder b) in der Bedeutung einer Transzendentalien-Bestimmung des Absolutgeistes (ϒ4), ähnlich dem hinduistischen Geistselbst-Absoluten (Puruṣa/Ātman-Brahman/Prajñāna), das Bewußtsein und Sein (*prajñāna/cit-sat*) in Reinform ist (‚Ur-Androgyn‘) und letztlich c) als ‚transzendentes‘ Stadium von Geist und Absolutum als Einheit: Plus-Koinzidenz von ‚Subjektität/Personalität/Selbstheit‘ an sich plus diese zusammen mit Objektität/Materialität/Andersheit‘ per se, das bekannte »Sowohl–Als-auch« und »Weder–Noch« mystisch orientierter Metaphysik [(ϒ4)+(ϒ3)=(ϒ3')].

Hier unterscheiden sich die beachtenswerten Reflexionen zur ved(ānt)ischen versus abendländischen Philosophie von Leo Gabriel (1902-1987)[17] von der re-flexionstheoretischen Vorgehensweise dezidiert. Während erstere einen Gegensatz zwischen dem Urgrunddenken (Hervorbringung in der Einheit) und dem Ursachedenken (Verursachung in der Zweiheit) konstatieren, was den Unterschied zwischen indischem und

[16] A. Domanski, Eleatic Monism and Advaita Vedanta, p. 43. Auf die Stille (*'ēsuchía*) des Parmenides und bei den Pythagoreern in Zusammenhang mit den Mysterien weist P. Kingsley, Reality, pp. 44-46, 563; idem, In the Dark Places of Wisdom, pp. 208-213, 281-882; idem Ancient Philosophy, Mystery, and Magic, p. 285[25].

[17] Cf. L. Gabriel, Einführung in indisches Denken, pp. XXI-XXVI; idem, Vom Brahma zur Existenz, pp. 19-23.

westlichem Philosophieren ausmache, der sich z.B. darin zeige, daß „... der kosmologische Seinsgedanke der Griechen[,] das Seins-Bild eines aus Beziehungen zwischen Elementen aufgebauten Ordnungsgefüges der Wirklichkeit“ sei, „um auf dieser neuen ontologischen Basis die neue logische Möglichkeit der Erkenntnis als Beziehungs- und Ordnungsgefüge gegenständlicher Begriffe (κόσμος νοητός) zu ermöglichen und damit dem kategorialen Denkbegriff Bahn zu brechen, auf dem auch heute noch der abendländische Erkenntnis- und Wissenschaftsbegriff beruht“,[18] die transzendentale Einheit des Bewußtseins bei Immanuel Kant „bloß ein schwacher Abglanz und nur erkenntnistheoretische Abstraktion“ der 'konkreten und dichtesten, alles Gegenständliche transzendierenden Einheit des Bewußtseins', des „Ātmā der vedischen Spekulation“ sei,[19] der Fichtesche erste Grundsatz bzw. die Grund-Setzung des ‚Ich' qua Setzungs-Dialektik „durchaus ein abstrakt-konstruktiver Reflexionsakt, der gegenüber der vedischen meditatio als deren rationaler Reflex unmöglich die ursprüngliche Kraft haben kann, jene Vermittlung zu leisten, die dem meditativen Bewußtsein gegeben war“,[20] sieht letztere (sc. die Re-flexionstheorie) in dieser Zweiteilung lediglich die Einteilung der Philo-Sophie in zwei Phasen, die (nach heutigem Verständnis) theoretische: Aufnehmen (skr. *śravaṇa*) + Denken (skr. *manana*) und praktische: Kontemplieren (skr. *nididhyāsana*). Vom Ergebnis her kann nicht bestimmt werden, auf welchem Wege sprachlich fixierte Lehren zustandekommen, ob durch Intuition oder durch Reflexion, weil beide nur begrifflich artikuliert vorliegen.

---

18 Cf. L. Gabriel, Vom Brahma zur Existenz, pp. 28–29; meine Ausklammerung eines Kommas durch eckige Klammern, um die Sinneinheiten des Originaltexts an die Grammatik meiner Synopse anzupassen.

19 Cf. L. Gabriel, Einführung in indisches Denken, pp. XXII–XXIII.

20 Cf. L. Gabriel, Einführung in indisches Denken, p. XXIV.

Aus meiner formalen Rekonstruktion der Parmenideischen Urprinzipien wird ersichtlich, daß ich, wie schon erwähnt, für eine Verortung im Übergang und in Überschneidung plädiere, die Betonung aber auf die zweite und dritte der zur Auswahl gestellten Interpretationsvarianten lege, in welcher die Möglichkeit mitzudenken ist, daß beide Aspekte zwar unterschieden (distinkt), doch nicht geschieden (separat) sind (skr. *bheda-abheda*), sondern in einer Art Selbst-BewußtSein (Ein-Zwei-Eindreiheit) das Reich des Übersinnlichen konstituieren. Wie das zu verstehen ist, kann, wenn man nicht im Historismus und Geist-Evolutionismus befangen ist und dessenthalben den Alten letzten Endes die Fähigkeit des Reflektierens abspricht, bei Plotinos oder, wer es neuzeitlicher haben will, bei Johann Gottlieb Fichte studiert werden. Nicht nur „Falls die metaphysische Interpretation gelten sollte, muß man sofort an Indien und die Upaniṣads denken.“[21], sondern auch falls die epistemologische gilt, da in einer echten Metaphysik beide Seiten aufgrund der noologischen Struktur konstitutiv sind.

„Seine Philosophie der einen absoluten Existenz, das Sein und Denken (*sat* und *cit*) gleichzeitig ist, seine Erkenntnis des Nichtseins (*māyā*) als begrifflich antithetisch zur Idee des Seins und als wesentlich nichtseiend, seine Erklärung der Vielheit der Welt, die nur scheinhaft ist, seine Unterscheidung des Phänomenalen und Noumenalen (*vyāvahārika* und *pāramārthika*) sind den upanischadischen Lehren, wie sie Śaṃkarācharya interpretiert, verwandt. Gomperz findet eine exakte Parallele zum seligen ersten Sein von Melissos, mit seinem völligen Fehlen von Antrieb und Einwirkung, in den Urkunden der vedāntischen Philosophie, in der die Welt ähnlich als bloße, täuschende Erscheinung, mit einem zentralen Sein, dessen einzige Attribute Sein, Denken und Seligkeit (*sat*, *cit* und

[21] G. P. Conger, Did India Influence Early Greek Philosophies?, p. 122.

ānanda) sind, dargestellt ist."[22] Oder aus dem Munde eines bekannten westlichen Indologen: „So ist die Ähnlichkeit zwischen den Lehren der Eleaten (Xenophanes, Parmenides) und dem Vedānta in die Augen springend."[23]

Wenn für deren Erklärung, wie in der vorliegenden Studie praktiziert, vorwiegend apriorische oder geiststrukturelle Begründungen vorgetragen werden, so schließt das die Anerkennung von Fremdeinflüssen aus anderen Denkkulturen nicht nur nicht aus, vielmehr wird dadurch erst die Präsenz des Geistigen auf allen Ebenen des Daseins und in allen Gegenden der Erde (sogar des gesamten Universums) zur Geltung gebracht. Insofern bestätigt die dezidierte Behauptung eines britischen Doxographen, das Philosophieren von Parmenides stünde unter starkem indo-iranischem Einfluß,[24] das Systemargument und komplementiert es von seiten der aposteriorischen Philosophieforschung.

---

[22] D. P. Singhal, India and World Civilization, 1.28–29, meine Zufügung diakritischer Zeichen zu den Sanskrit-Begriffen. Bei der eleatischen Schmerz-, Leid- und Quallosigkeit, Freiheit von Pein und Krankheit des Einen Seins im Denken des Melissos aus Samos sind folgende Nachweise anzuführen: Melissos B7(2); Melissos A5 = (Pseudo-)Aristoteles, De Melisso Xenophane Gorgia 974ª19–20; betreffs der Leid(enschafts)-losigkeit des all-einen, kugelförmigen verständigen Gottes bei Xenophanes, cf. Sextos Empeirikos, Pyrrhoneion hypotyposeon 1.225. Wie es sich bei derartigen dreifältigen Bestimmungen des Höchsten um zu ‚Transzendentalien' erhobenen Momenten des geistig-seelischen Geschehens handeln kann, wird im Faszikel II/6 thematisiert werden.

[23] M. Winternitz, Geschichte der indischen Litteratur, 3.477. Die ›Untersuchung zur Beziehung des parmenideischen zum indischen Denken‹ in G. Scuto, Parmenides' Weg, pp. 175–197, wird im Kapitel ›Thematische und mythologische Anklänge‹ wissenschaftlichen Standards leider nicht gerecht; mehrmalige Zitation der und Berufung auf die sehr einseitigen Darstellungen von Raimundo Panikkar schaffen hier keine Abhilfe, sondern bestätigen und bestärken diesen Eindruck nur noch.

[24] Cf. M. L. West, Early Greek Philosophy and the Orient, pp. 218–226.

Kaum eine der folgenden Sinneinheiten, die ein Gegenwartsgelehrter als semantischen Kommentar zur Wahrheit im zweiten Teil des Parmenideischen Lehrgedichts in Form eines Epilogs, aller Wahrscheinlichkeit nach ohne Kenntnisse über indisches Denken, zusammenstellt, um die Erhabenheit des Wahren über alles Vermeinte herauszustellen, ist den ved(ānt)ischen Lehren fremd:[25] „Wir müssen eine *krisis,* eine »Entscheidung«, »Scheidung« und ein »Urteil« fällen – aber nicht in dem Sinne, in dem das die Sterblichen tun (B8.55–56). Das Seiende ist »unentstanden und unvergangen« – aber das ist es in einem radikalen Sinn von »unerzeugbar« und »unverănglich«, nicht in einem Sinn, der implizieren könnte, daß es in der Zeit ist. Das Seiende ist »ganz« und »voll« – aber nicht im Sinne einer physischen *krasis* oder *mixis,* »Mischung« (B9.3, B12, B16). Es ist »bewegungslos« – aber nicht im Sinne der schweren Erde. Es ist *tetelesmenon,* »verwirklicht, vollendet, perfekt« – aber nicht in dem Sinn des »Zu-einem-Ende-Kommens« (cf. B19.2 *teleutēsousi*). Es ist »wohlgerundet« – aber ohne eine Unterscheidung zwischen »äußerst«, »dazwischen« und »Zentrum« (B12.1–3) zu enthalten. Es wird von »Banden« (*peirata*) gehalten – aber nicht in dem Sinne, in dem Naturdinge oder der Himmel so gehalten werden (cf. B10.5–7, B12, A37). Es ist innerhalb der »Schranken« der Gerechtigkeit – aber nicht zum Zwecke, Gleichheit mit seinen Rivalen aufrechtzuerhalten (cf. B9.4). Es unterwirft sich dem Zwang – aber

[25] Zu überprüfen in der Konkordanz von G. A. Jacob, Upaniṣadvākyakośaḥ, unter den jeweiligen sanskritischen Einträgen, die im anschließenden Zitat entweder in Englisch (von mir ins Deutsche übersetzt) oder im Altgriechisch des Quellentexts gegeben werden; da in meinen Werken zahlreiche Beispiele vergleichbarer indischer Ideen der Vollendung vorfindlich sind und die indologische Fachliteratur voll davon ist, verzichte ich hier, sanskritisch identische oder äquivalente Begriffe, Umschreibungen oder Metaphern einzufügen; gegenständliche Sprechweise in übergegenständlicher Bedeutung ist in Metaphysik-Traditionen nicht unüblich.

einem, der innerlich ist, nicht einem »treibenden Zwang« (B10.6). Es unterwirft sich der Überredung/Überzeugung – aber nicht im Sinne der Aphrodite oder des Eros, die Gegensätze zusammenbringen (B12.4, B13, B18). Es gibt in der Tat ein »Trachten« nach ihm – aber nicht in dem Sinne, in dem einer der Gegensätze genötigt ist, sich mit seinem Gegenüber zu verbinden, vielmehr im Sinne einer Verpflichtung/Bindung, einer Beziehung auf *pistis*, Vertrauen und gutem Glauben zwischen unserem Geist und dem Sein."[26]

Entscheidend ist somit die Differenzierung zwischen dem positiv-oppositionellen (Gegensätzliches) und dem superlativ-komplementären (Vereinigung von Gegensätzlichem zu Über-Gegensätzlichem) Aspekt von Sachverhalten, die in gleicher oder ähnlicher Begrifflichkeit verbalisiert sind. Auch das ist innerhalb der Vedānta-Philosophie, die durch eine strikte Differenzierung von zwei grundsätzlichen Wahrheits- und ‚Wirklichkeits'ebenen charakterisiert ist, eine Selbstverständlichkeit, haben die Menschen doch nur eine Sprache, deren eigentliches Feld sich über das Alltägliche und Konkrete erstreckt, alles, was darüber hinaus liegt, aber sagen können muß, selbst das Abstrakteste und Außergewöhnlichste. Hierin tut sich die Verwandtschaft des Eleatismus und Advaita am deutlichsten kund.

Dieser Umstand führt nämlich zur Konsequenz der in beiden Überlieferungen vorfindlichen Vollendung der Weltanschauung durch ihre Beendigung, die (Selbst-)Aufhebung des eigenen Gedankengebäudes in das ‚Undenkbare' hinein. Diese äußert sich in dem bereits diskutierten Zusammenfall des Erkennens und seines Gegenstands, des Seins, der nach dem Verständnis seiner antiken Verfechter restlos sein muß, keine Koinzidenz, sondern ein Kollaps. Wenn von einem Experten

---

[26] A. P. D. Mourelatos, The Deceptive Words of Parmenides' "*Doxa*", p. 348; eine Bemerkung zur Abgerundet- und Vollendetheit des Seins machte ich bereits im vorigen Kapitel in einer längeren Fußnote.

angemerkt wird, daß die Parmenideische Identität von Sein und Geisteinsicht zum Problem des Zusammenbruchs der Erkenntnis führe,[27] dann ist das nur die halbe Wahrheit, da unterlassen wird zu erwähnen, daß dadurch in gleicher Weise die Gegenseite des Erkennens betroffen ist, das ‚Sein', und damit das aufgebaute Gedankengebäude nicht nur unter dem Aspekt der Epistḗmē, sondern insgesamt, einschließlich des Ont(olog)ischen, einstürzt, was für die Philosophie eine ungeheure Bedeutung hat, eine Bedeutung, die die Vertreter dieser Schulrichtungen selbst erkannten und in gnadenloser Folgerichtigkeit aussprachen, wobei natürlich noch nicht sehr viel darüber gesagt ist, ob sie dieses Wissen aus übernatürlichen Erfahrungsquellen schöpften oder in die andere Richtung argumentiert, welche weisheitspraktischen Konsequenzen sie daraus zogen.

Man braucht diesbezüglich nur ernst zu nehmen, was altertümliche Kommentatoren über Parmenides' Schüler Zenon von Elea festgehalten haben, daß er, wie Melissos (frühes 5. Jh. v. Chr.) und der Sophist und Rhetor Gorgias (ca. 483–375), gezeigt hat, daß nichts ist, weder eins noch vieles (*'óti ⟨d'⟩ ouk éstin oúte 'én, oúte pollá*)[28], daß er sogar das Eine, den (ausdehnungslosen) Punkt, wie er das Eine nannte, beseitigt (*anḗjrei tò 'én ⟨tḕn⟩ gàr stigmḕn 'ōs tò 'én légei*)[29] und aufgewiesen hat, daß das Eine nichts Seiendes oder nichts Seiendes das Eine ist (*'óti*

---

27 Cf. I. M. Crystal, Self-Intellection and its Epistemological Origins in Ancient Greek Thought, pp. 34–36, 44–48.

28 Cf. (Pseudo-)Aristoteles, De Melisso Xenophane Gorgia 979^{a}19–24, ⟨ed./tr.⟩ T. Buchheim, Gorgias von Leontinoi: Reden, Fragmente und Testimonien, p. 40, Fragment 3.

29 Simplikios, In Aristotelis Physicorum Commentaria, p. 99.11; cf. o. c., p. 138.26; in meinem Buch: H. P. Sturm, Weder Sein noch Nichtsein, p. 279, sind die Zeilen 1–2 von oben nach der hier gegebenen Paraphrase zu korrigieren.

mēdèn tõn óntōn ésti tò 'én)[30], daß nichts ist, nicht einmal das Eine (*nihil est ... ne unum quidem*),[31] und – gemäß der gegenseitigen ‚Bezogenheit' von Einheit/Absolutem und Vielheit/Relativem, oder spezieller, der reziproken Abhängigkeit von Grund und Gegründetem – daß die Hypothese (*'upóthesis*) des seienden Vielen nur weit lächerlichere (*geloiótera*) Konsequenzen zeitigt als die des seienden Einen.[32]

Wer dem nicht folgen kann oder will, muß endgültig frustriert werden durch dessen indirekte Bestätigung, die der Garant aller philosophischen Gediegenheit, Platon, in der ersten Hypothese seines ›Parmenides-Dialogs‹ liefert, die, wie nicht nur der Titel der Schrift suggeriert, aus der Dialektik eines Zenon, Melissos (und Gorgias) modelliert ist[33] und zum paradigmatischen Ausdruck des letztlich Sag- und Wißbaren über die Wirklichkeit und das Wahre, deren Unsag- und Nichtwißbarkeit, nicht nur von Teilen der Alten Akademie, und dem gesamten Neuplatonismus, sondern auch, wie ebenso ausführlich erforscht, weiter Kreise der sogenannten christlichen Mystik wurde, die ihre Lehre mit Hilfe der Argumentationen der

---

[30] Simplikios, In Aristotelis Physicorum Commentaria, p. 138.5-6; cf. o.c., p. 138.19; die Argumente von Aristoteles und Simplikios (mit Verweis auf Eudemos) zum Nichtsein des Einen bei Zenon sind unter der Überschrift „Paradoxie der Einheit?" als Fragmente: Zenon Eleates 11-15, ⟨ed./tr.⟩ J. Mansfeld, Die Vorsokratiker, 2.34/39, zusammengestellt.

[31] L. A. Seneca, Ad Lucilium epistulae morales 88.45, ⟨ed./tr.⟩ M. Rosenbach, 4.324: „Wenn ich Protagoras glaube, ist nichts in der Natur als Zweifel; wenn Nausiphanes, ist dies eine gewiß, daß nichts gewiß ist; wenn Parmenides, ist nichts, außer das Eine; wenn Zenon, nicht einmal das Eine." (*Si Protagorae credo, nihil in rerum natura est nisi dubium; si Nausiphani, hoc unum certum est, nihil esse certi; si Parmenidi, nihil est praeter unum; si Zenoni, ne unum quidem.*).

[32] Cf. Platon, Parmenides 128d2-6.

[33] Cf. J. Wahl, Étude sur le Parménide de Platon, pp. 53-60; T. McEvilley, The Shape of Ancient Thought, p. 434.

Platonik fundierte. Auf die Einsicht in die universale Aoristie (Bestimmungslosigkeit) werde ich in den folgenden Faszikeln im Zusammenhang mit Platon's ‚Nichtsen', Speusippos' indifferentem Einen und Plotin's wie anderer Neuplatoniker multiplen Unbestimmtheiten noch einmal zurückkommen.

Für einige der wichtigsten Stifterschulen abendländischen Philosophierens trifft somit wenigstens an den Rändern und Grenzen ihres Spekulationsterrains zu, was von uninformierten und vorurteilsbehafteten euramerikanischen Berichterstattern und Kommentatoren niedrigster oder höchster Berühmtheit und Gelehrtheit in einer pauschalen Abwertung völlig unspezifisch dem indischen Denken seit langem unterstellt wurde und immer noch wird: Nihilismus, Indifferentismus, Mystik/Mystizismus und Eskapismus, kurz, theoretische und praktische Flucht ins Gegenstandslose, Abstrakte, Unbestimmte, In(de)finite. Die Bewertung macht 's! Die ist aber abhängig von dem, was ist bzw. von dem, was und wie es gedacht werden kann. Da ich diese Verkennung bei vielen sogenannten großen westlichen Denkern der neueren Zeit in meinen bisherigen Veröffentlichungen dokumentiert aufdeckte, erübrigt sich hier jeglicher Nachweis. Offenkundig wird durch solche Revelationen zwar nicht die Leistung hinduistischen, buddhistischen, jinistischen und daoistischen Denkens, demgegenüber aber die Geisteshaltung moderner okzidentaler Theoretiker entlarvt, deren Fehleinschätzung radikaler Reflexion: Verdinglichung des Ungegenständlichen, das Bedingung aller Dinghaftigkeit, niemals aber selbst Ding und nur durch Entgegenständlichung, also ‚Entgedanklichung' erfahrbar ist und gedanklich, d.h. als Gegenstand, allenfalls angedeutet werden kann.

Spuren dieser Mentalität zeichnen sich mitunter sogar noch bei den verschwindend wenigen westlichen Forschern ab, die beide Traditionen, die indische und die griechische, den Buchstaben nach wenigstens, aus den Originaltexten kennen und, wie in diesem und dem nächsten Kapitel mehrmals gezeigt, ihre formalen Äquivalenzen feinsinnig herauszuarbeiten wissen. So lesen wir bei einem dieser Seltenen zu beiden Überlieferungen und dem darin angeblich beschriebenen höchsten Erleben und Endpunkt des Strebens: „Dank dem Zufall daß wir so viel Originaltext besitzen, können wir diesmal auch den emotionalen Beisatz der Denkakte erfassen aus denen die Lehre hervorging. Über das Reich der parmenideischen Wahrheit breitet sich nicht die selige Ruhe eines 'Verwehens' (*nirvāṇa*) wie bei dem 'erweckten' (*buddha*) Inder, oder (griechisch gesprochen) nicht die Windstille (γαλήνη) eines beglückenden Friedens nach gelungener Flucht vor den Stürmen von Werden und Vergehn; vielmehr triumphiert hier die Übermacht einer gewaltsamen Bändigung von etwas das sich offenbar ungebärdig gegen seine Überwindung sträubt.“[34]

Unter Berücksichtigung der Leidfülle des normalen Daseins, der Entbehrungen, des Durchhaltevermögens und der Duldsamkeit des den Weisheitsweg Gehenden und der Widerspenstigkeit des in der Gewalt der Täuschungskraft (*māyā*)

---

[34] H. Fränkel, Dichtung und Philosophie des frühen Griechentums, p. 420. Hermann Fränkel, war Schüler des bekannten Indologen Hermann Oldenberg und selbst in altindischer Philologie umfassend bewandert. Das geht aus der folgend genannten Buchstelle hervor, einer Dedikation, in der er dieses Werk einem seiner Lehrer, dem Genannten eben, widmete, cf. H. Fränkel, Dichtung und Philosophie des frühen Griechentums, p. VIII, Vorwort zur ersten Auflage. Das Spekulieren darüber, ob die Kenntnis indischer Philosophie eine ganz spezifische Auslegung (früh-) griechischen Denkens begünstigt – in dieses wäre meine eigene mit einzubeziehen –, muß ich mir hier, die Antwort ist unausgesprochen bereits gegeben, leider verkneifen. Ich kann hier nur bekunden, daß ich bei H. Fränkel, wie die Zahl meiner Verweise auf sein Werk und Zitate aus seinem Werk andeuten, viele der Zusammenhänge zwischen frühgriechischer und altindischer Philosophie an- oder ausgesprochen fand, die mir schon lange vor mir seine Schriften in die Hände fielen, durch den Kopf gingen und ihren Niederschlag in meinen Schriften fanden. Von seinen generellen und generalisierten komparativen Einschätzungen diesbezüglich kann ich mich allerdings nur deutlich distanzieren.

befindlichen Gesetzes der Handlungsfolgen (*karma*), wie sie in indischen Weltanalysen niedergelegt sind, muß die Frage erlaubt sein, ob der Unterschied in den die Lehre und ihr Ziel begleitenden Emotionen, die hier für Parmenides und Buddha geltend gemacht wurden, tatsächlich zutreffend ist, wobei die Differenz zwischen Weg- und Zielperspektive ins Feld zu führen ist, man denke nur an die Askesephase im Leben des Śākyamuni, und beachtet werden muß, daß die Verzerrungen in der wiedergegebenen Darstellung beide Seiten des Vergleichs betreffen. Das Spekulieren über das Erleben und dessen Qualität bei oder nach der Erreichung des Zieles ist hinsichtlich der genannten (ja aller) Philosophien sowieso fehl am Platze und verrät ein gehöriges Mißverständnis bezüglich dieser.

Welche Übereinstimmungen und Überschneidungen könnten erst ans Licht kommen, ginge man in diesem Zusammenhang zusätzlich der in der Doxographie bereits festgestellten Verwandtschaft zwischen den Lehren von Parmenides und Pythagoras (6. Jh. v. Chr.) auf den Grund,[35] die, Empedokles ist miteinzubeziehen, ob ihrer an die Mysterien, die Mystik und die diese begleitenden Mythen erinnernde Ausrichtung, welche bei letzteren beiden einhellig anerkannt und bei ersterem am Proömium seiner Darlegungen festgemacht wird,[36] mit dem Schamanismus, eine in diesem Zusammenhang meiner Meinung nach jedoch unzutreffende oder wenigstens unglückliche Bezeichnung für das Telestisch-Mystische, in Verbindung gebracht werden.[37] „Leider steht zu befürchten, daß man in den letzten Jahren den Begriff »Schamanismus« gebraucht und

[35] Cf. H. v. Arnim, Die europäische Philosophie des Altertums, pp. 106–107.

[36] Cf. P. Kingsley, Reality, pp. 17–306; idem, In the Dark Places of Wisdom.

[37] Cf. K. Albert, Philosophie der Philosophie (Mystik und Philosophie), pp. 261, 264–266 (mit sekundärwissenschaftlicher Dokumentation).

mißbraucht hat, ohne ihn mit der nötigen Akribie zu definieren."[38] Wenn dabei das rationale Moment des aus logisch stimmiger Reflexion und daseins-transformativer Kontemplation bestehenden Weisheitswegs unterbelichtet, ausgeblendet oder gar verunglimpft wird, und das noch unter Aufwendung eines selbstwidersprüchlichen, denkerische Gültigkeit und Akzeptanz einfordernden Wortschwalls,[39] ist das Verständnis für das spezifisch Philosophische, wie es in Hellas, Bhārata und Zhōnguó vor ca. zweieinhalb Jahrtausenden veranlaßt wurde, verspielt.

Doch muß es denn immer doxischer Einfluß sein, der zu Äquivalenzen im Aufbau von metaphysischen GeistWelt-Gebäuden führt? Zur Annahme, daß Pythagoras bzw. die Pythagoreer gewisse Vorstellungen aus Indien übernommen haben könnten, lesen wir in einer neueren Platonismus-Studie einschränkend: „... dieselben oder ähnliche Gedanken, Theorien und Prinzipien tauchen nicht selten unabhängig voneinander an verschiedenen Orten der Welt zu verschiedenen Zeiten oder auch etwa zur selben Zeit auf. Der menschliche Geist ist schließlich nicht so verschiedenartig, als daß nicht sogar in sehr verschiedenen Völkern dieselben oder ähnliche Gedanken auftreten könnten; darüber hinaus ist die menschliche Rasse in ihrer geistigen Aktivität nicht so begrenzt, als daß solch ähnliche Gedanken und Überzeugungen zu verschiedenen Zeiten und an verschiedenen Orten nicht tatsächlich auftauchten. Ähnlichkeit beweist keineswegs Abhängigkeit."[40]

Wie das Geistige in das Nichtwissen/Irren, die Verwirrung und Verblendung (*kōphoì ʻomōs tuphloí te, tethēpótes, ákrita*

[38] P. Hadot, Philosophie als Lebensform, p. 23.

[39] So penetrant in den gnoseopraktisch verdienstvollen, doch theoriefeindlichen Werken von P. Kingsley (siehe mein Literaturverzeichnis am Ende des Buches).

[40] C. J. de Vogel, Rethinking Plato and Platonism, p. 43.

phũla – skr. *na sa veda*) diakosmisch-menschlicher Werde-Vielheit von Name/Bestimmung (*ónoma* ≈ skr. *nāma*) und Form/Gestalt (*morphḗ* ≈ hier skr. *rūpa* [!]) übergeht, so vermag dieses zu jenem aber auch zurückzukehren, weshalb dieses Hin und Her nun als eigene Größe festzuhalten ist. Ähnlich der Funktionsbestimmung des zweiten Geistes von Noumenios (ca. 150–200), der Noũs-Hypostase Plotins und der Schöpferfunktion des Weltallherrn Īśvara bzw. Saguṇa- (eigenschaftlichen), Saviśeṣa- (unterschiedsbehafteten) oder Apara-Brahman (niederen Brahman) in manchen Richtungen des Advaita-Vedānta fällt sie sowohl als Bewirkung und Erzeugung aktualer Dualität bzw. Pluralität wie auch als Medium von deren Rückgängigmachung durch wahre Geist-Erkenntnis in die Klasse gegenläufig gerichteter Vermittlungen, zu beachten allerdings: über–sinnlicher (metempirischer) Natur. In dieser Funktion ist der Geist als solcher das Tor (non-missing link) zwischen den zwei GeistWelt-Aspekten von Bedingtem und Unbedingtem.

Ein analoger Gedanke wird schon in einer postvedischen Schrift geäußert, nach welcher Brahman, das zu Anfang dies war (*brahma vā'idam-agra'āsīt*) (ϒ4/3), die Götter ausfließen oder hervorgehen ließ (*tad-devāṇ-asṛjata*) und sie nach ihrer Emanation (*sṛṣṭvā*) distributiv in die Welten einsetzte (*eṣu lokeṣu vyārohayad-*). Die drei solar-terrestrischen Götter instituierte Es in die niedrigere Weltschicht, Agni/Feuer auf eben diese [irdische] Welt (*asminn-eva loke*) (ϒ1), Vāyu/Wind in den Zwischenraum (*antarikṣe*) (ϒ1½) und Sūrya/Sonne allein an den Himmel (*divy-eva*) (ϒ2); die (im Text nicht näher bezeichneten) höheren Götter (*ūrdhvā devatās-*) demgegenüber in die höheren Welten (*ūrdhvā lokāḥ*) (ϒ2½). Darauf (nachdem es die beiden Götterhierarchien auf zwei Etagen des Weltgebäudes verteilt hatte) ging Brahman selbst zur entgegengesetzten/entfernte(re)n Hälfte/Seite (*atha brahma-eva parārdham-agachat*) (ϒ4). Zum Gegenüberliegenden/Jenseitigen gegangen, überlegte Es (*tat-parārdhaṃ gatvā-ekṣata*), in welcher Weise Es nun wieder in dies(seitig)e Welten hinabsteigen (reszendieren) könnte (*kathaṃ nv-imāṃ-lokān-pratyaveyāṃ-iti*). Es stieg nur mittels zweierlei wieder hinab (ϒ3), Name (ϒ1) und Form (ϒ2) (*tad-dvābhyām-eva pratyavaid-rūpeṇa ca-eva nāmnā ca*), Seine immensen Gewalten/Mächte (*mahac-ca-eva-abhvaṃ*). Durch Erkenntnis (*veda*) dieser beiden geist(er)haften Megamanifestationskräfte (*mahatī yakṣe*) wird man (*bhavati*) zu diesen. Soweit Name und Form reichen, so weit reicht das All (*idaṃ sarvaṃ yāvad-rūpaṃ ca-eva nāma ca*), wobei das Formhafte dem Namenartigen übergeordnet, überlegen und diesem gegenüber höherwertig ist, über dieses also hinausragt (*tayor-anyataraj-jyāyo rūpam-eva*), indem Namen eben auch nur Form oder Gestalt sind (*yad-hy-api nāma rūpam-eva tat*), diese zu (er)kennen somit Superiorität verleiht (*sa yo ha-etayor-jyāyo veda vyāyān-ha tasmād-bhavati yasmāj-jyāyān-bubhūṣati*). Wenn man beide erfaßt (*gṛhṇāti*), erlangt man also das unvergängliche All; unvergängliche Wohltat/Belohnung [oder: der unvergängliche Tugendhimmel], die unvergängliche Welt wird einem zuteil (*tat-sarvam-āpnoti sarvaṃ vā'akṣayyam-eteno ha-asya-akṣayyaṃ sukṛtaṃ bhavaty-akṣayyo lokaḥ*).[41]

[41] Cf. Śatapatha-Brāhmaṇa 11.2.3.1–6, ⟨ed.⟩ A. Weber, pp. 838–839. Meine Skalierung hört ab einem gewissen Punkt auf, dem Punkt der Ungewißheit darüber, was der Text nun wirklich sagen will; bei der Lösung des Problems ist wohl die in diesem Kapitel bereits vorgestellte Strukturierung der Nāma-Rūpa-Lehre genauestens zu bedenken, daß sie nämlich häufig aus zwei mal zwei achsensymmetrischen Ebenen aufgebaut ist und es darauf ankommt, die jeweilige kategoriale Bedeutung angesichts der gegenläufigen Über-/Unterordnungsverhältnisse aufgrund der Spiegelung richtig zu bestimmen. Einen Lösungsvorschlag für die Problematik der Überordnung, Superiorität oder Höherwertigkeit (*jyāya*) von Form (*rūpa*) über Name (*nāma*) legt F. M. Müller, Three Lectures on the Vedānta Philosophy, p. 153, vor (darin ist *rūpa* qua Idee (gr. *idéa, eĩdos, archétupos* / lat. *forma(tio), species, archetypus*) geistspezifisch skr. *nāma* gleichgestellt): „Und falls gefragt würde, wie diese transzendente Kraft mit der Schöpfung in Beziehung gesetzt werden könnte, lautet die Antwort: mit Hilfe von Worten und Formen, d.h. mit Hilfe jener

Nachdem die erkenntnisbedingte Allhabe extensional dem Anfangsstadium des Brahman in seinem Dies-Gewesensein (*idam āsīt*) gleichkommen dürfte – gemeint ist: dies allesamt, die Weltganzheit in ihrer integralen, perfekten, zeitlos bestehenden ursprünglichen Alleinheit und Urgestalt –, kann es sich bei ihr eigentlich nur um die Wiederherstellung, die Restitution der atemporalen Idealkonstellation handeln, die in ihrem Es-war-einmal die Götter und das benannt-gestaltete Universum überragt. „So beinhaltet der psychische Prozeß der Erleuchtung einen Aufstieg zum Gipfel des Kosmos und darüber hinaus, die Intuition, in der er kulminiert, reißt den kosmischen Schleier weg; die Erleuchtung des individuellen Bewußtseins – die sich gleichzeitig in seiner Ausdehnung zur universalen Totalität spiegelt – wird als eine Apokatastasis des kosmogonischen Geschehens verstanden: des Herabstiegs und der Differentiation der ursprünglichen universalen Einheit."[42]

Erst wenn der Werde-, Wandlungs-, Wirk- oder Aktivitätsaspekt mitsamt seiner Gegen- bzw. Umkehrform, dem Entwerden, der Rückverwandlung, Reaktivität oder Passivität, in solchen Spekulationen zum Weltaufbau als eigenständige Größe und eigentliches Geistvermögen erkannt und anerkannt ist, kann die Viergliedrigkeit des darin zur Darstellung gebrachten IdealRealitäts-Musters als Gestalthintergrund identifiziert und der Zusammenhang mit anderen Viererkonfigurationen der Wirklichkeit bzw. Geistwirklichkeit hergestellt werden. Die ›Bṛhadāraṇyaka-Upaniṣad‹ äußert sich dazu zwar, doch kann ich, gemessen an den kategorialen Uneindeutigkeiten der relevanten Kernbegriffe, keine völlig eindeutige Interpretation anbieten, sondern schlage wenigstens durch meine Skalierung

Formen oder εἴδη, die Worte sind und mit Hilfe jener Worte oder λόγοι, die Formen sind."

42 M. Falk, Nāma-Rūpa and Dharma-Rūpa, p. 14, Schlußsatz der Interpretation von Ṛg-Veda 1.164; cf. o.c., pp. 4–14.

eine zweite, wenn auch weniger plausible Ordnung vor. Der Unterschied besteht in der vertauschten Reihenfolge zweier Komponenten. Die Begründung dafür, warum ich für die Reihenfolge plädiere, die mit rund eingeklammerten Symbolen versehen ist, folgt nach dem Quellentext. „Dreifach ist dies wahrlich:

(ϒ2)[ϒ3] Name (*nāma*),
(ϒ1)[ϒ1] Form (*rūpa*),
(ϒ3)[ϒ2] Wirken/Tat (*karma*).

(ϒ2)[ϒ3] Was von diesen die Namen (*nāma*) betrifft, ist das Sprache/Begriff (*vāk*) Genannte deren Hymne, denn daraus entstehen alle Namen, ist das [Sprache/Begriff Genannte] deren Lied, denn das ist allen Namen gemein, ist das [Sprache/Begriff Genannte] deren Gebet, denn das trägt alle Namen.

(ϒ1)[ϒ1] Von den Formen (*rūpa*) aber ist das Auge (*cakṣur*) Genannte deren Hymne, denn daraus entstehen alle Formen, ist das [Auge Genannte] deren Lied, denn das ist allen Formen gemein, ist das [Auge Genannte] deren Gebet, denn das trägt alle Formen.

(ϒ3)[ϒ2] Von den Werken/Taten (*karma*) aber ist das (Lebe-)Wesen (*ātman*) Genannte deren Hymne, denn daraus entstehen alle Werke/Taten, ist das [(Lebe-)Wesen Genannte] deren Lied, denn das ist allen Werken/Taten gemein, ist das [(Lebe-)Wesen Genannte] deren Gebet, denn das trägt alle Werke/Taten.

(ϒ4) Indem dieses Dreifache genau eines ist, ist es dieser Ātman, indem dieser Ātman einer ist, ist er jenes Dreifache. Dieses Unsterbliche genau ist durch das Seiende/Reale (*satyena*) verschleiert.

Wahrlich, (Ur-)Hauch/(Ur-)Geist/Lebensodem (*prāṇaḥ*) ist das Unsterbliche,

(Υ2/1) Name und Form (*nāma-rūpe*) das Seiende/Reale (*satyam*); durch diese ist

(Υ4) jener (Ur-)Hauch/(Ur-)Geist/Lebensodem (*prāṇaḥ*) verschleiert."[43]

Wenn Sprache, Rede, Logos (*nāma/vāk*) hier das innerweltliche, menschliche, d.h. begriffliche, auf Worten und ihren Bedeutungen basierende Denken mitsamt der Instanz meint, die dieses vollzieht, das Psychisch-Mentale, Auge (*cakṣur*) pars pro toto für die Welt der Sinne, die Wahrnehmung und das Wahrgenommene steht und (Leib-Lebe-und-Seelen-)Wesen (*ātman*) den aus beiden bestehenden psycho-somatischen, planenden und handelnden, überlegt (oder unüberlegt) tuenden und leidenden, Werke vollbringenden und Wirkungen ausgesetzten humanen Gesamtorganismus repräsentiert, die Werke (in ihrem objektiv-kosmischen Aspekt), wie aus dem Originaltext ersichtlich, aber nicht unter die Faktoren fallen, die das Unsterbliche verschleiern, indem das Aktmoment vom verdeckenden (*channaṃ*) Seienden (*satyam*), Form und Name (*nāma-rūpa*) nämlich, ausgenommen bleibt, dann heißt das, daß *ātman* = *prāṇaḥ* hier eine Doppelfunktion ausübt, die des

---

[43] Bṛhadāraṇyaka-Upaniṣad 1.6.1–3, ⟨ed.⟩ J. L. Shastri, Upaniṣatsaṅgrahaḥ, p. 93: *trayaṃ vā idaṃ nāma rūpaṃ karma tesāṃ nāmnāṃ vāg-ity-etad-eṣām-uktham-ato hi sarvāṇi nāmāny-uttiṣṭhanti | etad-eṣāṃ sāma-etad-dhi sarvair-nāmabhiḥ samam-etad-eṣāṃ brahma-etad-dhi sarvāṇi nāmāni bibharti* ‖1‖ *atha rūpāṇāṃ cakṣur-ity-etad-eṣām-uktham-ato hi sarvāṇi rūpāṇy-uttiṣṭhanty-etad-eṣāṃ sāma-etad-dhi sarvai rūpaiḥ samam-etad-eṣāṃ brahma-etad-dhi sarvāṇi rūpāṇi bibharti* ‖2‖ *atha karmaṇām-ātmā-ity-etad-eṣām-uktham-ato hi sarvāṇi karmāṇy-uttiṣṭhanty-etad-eṣāṃ sāma-etad-dhi sarvai karmabhiḥ samam-etad-eṣāṃ brahma-etad-dhi sarvāṇi karmāṇi bibharti tad-etad-trayaṃ sad-ekam-ayam-ātmā'tmo ekaḥ sann-etat-trayaṃ tad-etad-amṛtaṃ satyena channaṃ prāṇo vā amṛtaṃ nāma-rūpe satyam tābhyām-ayam prāṇaś-channaḥ* ‖3‖.

Absolut-Einen und die seines Schaffens-Aktes (*karma*), der in gewissen Richtungen des Vedānta mit Māyā identifiziert wird, die gleichermaßen manifestiert wie verschleiert (davon mehr im Faszikel II/6).

Zwar kann der Begriff *ātman* Körper, Leib bedeuten, was einige Übersetzungen des Passus in moderne europäische Sprachen erklärt, wenn das der Fall ist, dann jedoch, wie in einem der umfangreichsten und fundiertesten Wörterbücher des Sanskrit angegeben, vornehmlich im Sinne des ‚Lebens- und Empfindungsprinzips, ... der Person oder des ganzen Körpers als Einheit betrachtet und den getrennten Gliedern des Körpers entgegengesetzt'[44]. Die Strukturlogik dieses Upaniṣad-Passus, und nach dieser richtet sich meine Auslegung, fordert dies geradezu, da diese Funktionseinheit nicht nur ein partikulares Element (*ātman*) ist, das die beiden Subfaktoren (Sprache/Mentales und Auge/Sensuales) zu einem Aggregat, dem erleuchtungsfähigen Menschen als geistiges Wesen, verschmelzt, sondern zugleich Supratotalitäts-Moment: Urgeist (*ātman*), Urlebenshauch (*prāṇa*), das Unsterbliche (*amṛtam*), welches sich selbst mit diesen (dreien): Form (*rūpa*), Name (*nāma*) Wirken/Tat (*karma*) zusammen zu einer transzendenten (All-) Einheit, die sonst auch mit der Nicht-Zweiheit und Brahman gleichgesetzt ist, zusammenschließt.

Meiner Exegese stelle ich folgend noch eine interpretative Umschreibung dieser Textstelle der ›Bṛhadāraṇyaka-Upaniṣad‹ zur doppelten Inklusion von BewußtSeins-Prinzipien aus der indologischen Fachliteratur gegenüber. Sie weicht von meiner in dem Sinne ab, daß sie die Rolle des Veda als Schöpfungsprinzip herausstellt und damit eine andere Prinzipienhierarchie suggeriert, die, selbst nicht explizit als solche dargestellt, durch Anlegen des reflexionsstrukturellen Maßstabs aber eine zu

---

[44] Cf. M. Monier-Williams, A Sanskrit-English Dictionary, p. 135s.

diskutierende Alternative zu meinem Vorschlag bildet. Falls vergessen oder überlesen wurde, was im Abstract zu diesem Teilband steht, darf ich hier wiederholen: wir befinden uns in einer Denkwerkstatt. Und ich möchte ergänzen: da gibt es keine fertigen Gedanken zu erwerben, wir müssen sie uns mühsam erarbeiten. Nun also: „Die drei objektiven Weltfaktoren: Name, Gestalt, Werk, haben ihr *ukhtam* [Versrezitation, Hymnenvortrag] (Ṛigveda), ihr *sâman* [Lied, Gesang] (Sâmaveda), ihr *brahman* [Gebetsmurmeln, Raunen eines Zauberspruchs] (Yajurveda), d.h. ihr Princip, aus dem sie entspringen (denn der Veda ist das Princip der Welt; sie ist aus dem Veda entsprungen), in den drei subjektiven Faktoren: Rede, Auge und Leib (*âtman*). Somit geht jene Dreiheit (Name, Gestalt, Werk) zurück (auf Rede, Auge, Leib, und durch sie) auf den *Âtman* oder *Prâṇa*. Er ist das Unsterbliche (*amṛitam*), jene Dreiheit bildet die (empirische) Realität; ...“[45] Der Versuch einer Skalierung könnte danach wie folgt aussehen: Name (ϒ3), Gestalt (ϒ2), Werk (ϒ1); Rede (ϒ'3), Auge (ϒ'2), Leib (ϒ'1); Ātman, Prāṇa, Amṛtam (ϒ4). Ein Vorschlag wäre m.E. auch, Name, Gestalt und Werk dem Immanenten zuzuordnen (ϒ1/2), Rede, Auge, ‚Leib‘ (*ātman*) = Veda einer Übergangssphäre (ϒ3) und Ātman = Atemhauch (*prāṇaḥ*) = Unsterbliches (*amṛtam*) dem Transzendenten (ϒ4).

Ein analoges, doch um einen der beiden Schlußschritte reduziertes und folglich weniger raffiniert ausgetüfteltes Verfahren wurde später in der Spekulation der ›Māṇḍūkya-Upaniṣad‹ zur Darstellung des Ātman/Brahman mit Hilfe der Wurzelsilbe ॐ = »OM« = »AUM« angewandt. Äußerlich fällt die Methodik,

---

[45] P. Deussen, Sechzig Upanishad's des Veda, p. 406, cf. o.c., pp. 406–407, meine Übersetzungsbegriffe in eckigen Klammern, in denen auch zum Ausdruck gebracht werden soll, um welche Art der Äußerung es sich bei den Worten der verschiedenen Veden handelt. Den Kommentar Śaṅkara's dazu, dem ein Großteil der seiner Advaita-Schule verpflichteten modernen indischen Übersetzer folgt, halte ich für verwirrend.

die in diesem Gedanken zur Anwendung kommt, in den Bereich der Kombinatorik, philosophisch durchleuchtet läßt er jedoch Tiefendimensionen sichtbar werden, die ihn unzweifelhaft als der Geistspekulation zugehörig erweisen, symbolisieren doch die $\Upsilon 1 + \Upsilon 2 + \Upsilon 3 + \Sigma_{i=1}^{i=3} \Upsilon i = 4$ Moren die vier prinzipiellen Bewußtseinszustände (*avastha/sthāna/pāda*) des Ātman-Brahman, welche in der hinduistischen Geistlehre Standard sind und wir an den passenden Stellen des Faszikels II/6 zur indischen Geisttheorie noch unter die Lupe nehmen werden. Das Verfahren funktioniert in der Weise, daß die Gesamtheit der Bestandteile zu deren Dreizahl als eigener Einheit gemäß der Einsicht hinzugezählt wird, daß das Ganze mehr ist als seine Teile, wie die heilige Silbe »OM« als Totalität (*adhyakṣara*) ihrer sie bildenden Einzellaute (*matrā*)

($\Upsilon 1$) अ »A«
($\Upsilon 2$) उ »U«
($\Upsilon 3$) म् / ं »M«
($\Upsilon 4$) औं »AUM« = ओं / ॐ »OM«[46]

eben eine zusätzliche, diese umfassende und übersteigende Qualität gewinnt und damit mehr als ihre Summe darstellt. Ein ähnliches Argumentationsmuster gibt es in der persischen Kultur: „Wir finden hier nämlich meiner Meinung nach eine Art der Reihenbildung, die auf iranischem Gebiet gewöhnlich ist: zuerst werden die einzelnen Teile aufgezählt, aus denen ein Ganzes besteht, und dann wird das Ganze selber als Schlußglied der Reihe hinzugefügt, um ihre Zusammenfassung und

---

46 Cf. Māṇḍūkya-Upaniṣad 8–12; Gauḍapāda, Gauḍapādīya-Kārikā (Māṇḍūkya-Kārikā) 1.19–29; Śaṅkara-Bhāṣya zu diesen Stellen und spätere Upaniṣad-s, in denen diese Idee iteriert oder variiert wird. Ausführlicheres dazu in Faszikel II/6.

Vollendung zu bezeichnen."[47] Weil das Mehr über die Addition der Summanden hinaus streng thetisch nicht ausdrückbar ist, wird in transzendentalistischen oder mysti(zisti)schen Erkenntnistraditionen auf dieses Nicht-Repräsentierbare oft nur noch als auf ein in überkategorialer Erfahrung Erlebbares hingedeutet. Damit soll natürlich vermieden werden, es als Objekt be- und ergreifen zu wollen.

Neben Metaphern und Hyperbeln bedient man sich dabei vor allem negativer Zeiger, privativer Wegweiser, aus den Mythen übernommener Symbole oder die Logik ad absurdum führender Hinweise. Wer sie als den Zielpunkt mißversteht und damit ein ontisches oder ontologisches Jenseits bedeutet wähnt, würde von den Vertretern sowohl des Advaita als auch des Buddhismus, wie ebenso des Daoismus und anderer konsequenter Denktraditionen, unrettbar genannt werden. Die dargestellte Idee wird weder aus systematischen Erwägungen heraus noch nach dem Durchgang durch die gesamte Argumentation indischer Metaphysik in doxographischer Hinsicht als Besonderheit gelten können. Das heißt jedoch nicht, daß mit den gleichen Bezeichnungen in anderen Kontexten (früh-)indischer Spekulation nicht anderes gemeint sein kann, was die Erschließung der jeweiligen Texte äußerst heikel macht und nach vorgefertigtem Schema vereitelt.

Zu den beiden angeführten Passus 1.4.7 und 1.6.1–3 der ›Bṛhadāraṇyaka-Upaniṣad‹ ist noch zu bemerken, daß an der ersten aufgrund der Betonung der statischen Ureinheit eher das dynamische Element der Selbstentfaltung, im zweiten hingegen, durch die Identifikation des Wirkens mit der Leib-Seele-Ganzheit (*ātman*) und die abermalige Identifikation dieser Einheit mit der Gesamtheit aller Faktoren – Unsterbliches (*amṛta*), durch Seiendes Verschleiertes (*satyena channaṃ*) und

[47] H. S. Nyberg, Die Religionen des Alten Iran, p. 57.

Lebens- und Energieprinzip: (Ur-)Hauch, Odem, Lebensatem (*prāṇa*) – eher der substante, unentfaltete Einheitsgrund in den Hintergrund tritt.

Daß die Bewirkung bzw. Hervorbringung von Welt in den Upaniṣad-s nicht selten auf einer Art von *actus purus* beruht, den der Geist in seiner Doppelung und Wiedervereinigung des reinen Selbst zum Selbst-Bewußtsein, seiner Selbst-Schöpfung, repräsentiert, dieser Sachverhalt geht bei entsprechender Lesart auch aus Stellen von Originaltexten hervor, die zunächst und traditionell nicht unter dieser Thematik betrachtet werden. Dies soll mit Hilfe dreier Passus demonstriert werden. Zuerst die Emanations-Variante, die die Selbstwerdung des Prinzipal-Ego (Geist) thematisiert:

(ϒ4) „Zu Anfang war dies nur das Selbst/der Ātman, (ur)personal/menschengestaltig/puruṣahaft;
(ϒ3½) umherblickend/im Überblick sah Es/Er nichts anderes als Sich-Selbst [oder: als das Selbst/den Ātman].
(ϒ3) [ϒ3_3] »Das bin ich« sprach Es/Er zu Anfang.
(ϒ2½) [ϒ3_2] Deshalb wurde/entstand der (Ur-)Name/die Idee »Ich«.
(ϒ2_2) [ϒ3_1] Daher auch heutzutage, wenn man angesprochen wurde: »das bin ich«; das zuerst gesagt,
(ϒ2_1) nennt man darauf den anderen Namen, welchen
(ϒ1) man hat.“[48]

Śaṅkara (7./8. Jh.) setzt das Selbst dieses Verses, das hier als

[48] Bṛhadāraṇyaka-Upaniṣad 1.4.1, ⟨ed.⟩ J. L. Shastri, Upaniṣatsaṅgrahaḥ, p. 88: *ātmā-eva-idam-agra āsīt puruṣa-vidhaḥ so-'nuvīkṣya na-anyad-ātmano-'paśyat so-'ham asmi-ity-agre vyāharat-tato-'haṃ-nāma-abhavat-tasmād-apy-etarhy-āmantrito-'ham-ayam-ity-eva-agra uktvā-'tha-anyan-nāma prabrūte yad-asya bhavati.*

menschengestaltig oder personartig bezeichnet wird, mit dem ersten, saṃsāraverhafteten Schöpferwesen, dem Herrn der Wesen, Prajāpati (*prajāpati*), dem Erstgeborenen (ϒ2½) aus dem Ei (ϒ3) (*prathamo-'ṇḍa-jaḥ*), gleich bzw. hält es für ununterschieden (*avibhaktam*) von seinem durch Kopf, Hände usw. gekennzeichneten (*śiraḥ-pāṇya-ādi-lakṣaṇo*) Körper (*śarīreṇa*), unter dem die Ausstrahlende, Glitzernde, Gloriose (*virāṭ*), die (vedische) Ur- oder Geistmaterie zu verstehen sei.[49] „'Prajāpati' .. bedeutet beides, Hiraṇyagarbha [Goldkeim/Goldembryo] und Virāj [die Glitzernde, Ausstrahlende], die, in dieser Reihenfolge, feinen und groben Formen desselben Wesens. Śaṅkara verwendet diese beiden Begriffe fast austauschbar."[50] Das bedeutet, daß er zwischen dem absoluten Selbst (ϒ4) und einem tiefer, an der zweiten bis dritten Stufe (ϒ3/2) der Hierarchie anzusiedelnden Selbst oder Ich-Wesen, d. h. Ātman, den er wahrscheinlich, wie oben philologisch bereits für möglich erwiesen, als den Verleiblichten verstand, unterscheidet.

Um die verwirrend schwierigen Ordnungsverhältnisse hier wenigstens einigermaßen verstehen zu können, ist es nötig, eine Vorerinnerung an die vedische Vorlage dieser Spekulation um den Puruṣa, den Urmenschen oder die Urperson, den Vers ›Ṛg-Veda 10.90.5‹ des ›Urmenschenhymnus/Puruṣa-Sūkta‹ anzubringen, in welchem das Ursubjekt zum einen, quasi als ungeborenes, absolut und an den allerersten Anfang gesetzt ist (ϒ4), zum andern erst als der aus der daraus entstandenen strahlenden, glitzernden Ur- oder Geistmaterie (*virāṭ*) (ϒ3)

49 Cf. Śaṅkara, Bṛhadāraṇyaka-Upaniṣad-Bhāṣya 1.4.1, Samata Edition, 10.78–81.

50 S. Mādhavānanda, The Bṛhadāraṇyaka Upaniṣad, p. 64². Aufgrund der schwankenden Verortung dieser Konzepte auf der onto-nootischen Leiter von Werden und Entwerden in indischen Quellentexten ist es nötig, für jedes Vorkommen gesonderte Überlegungen darüber anzustellen, welches Skalenniveau ihnen zuzumessen ist.

hervorgegangene Erstgeborene, die erste manifeste oder enkosmierte Seele, wenn so gesagt werden darf (♈2½/2), aufscheint.[51]

Zusätzlich zu erwägen wäre der etwas anders verlaufende, doch in manchen Stadien unserer Veda-Stelle entsprechende Allwerdeprozeß der ›Aitareya-Upaniṣad‹, zu dessen Beginn das Selbst, der Ātman, der zu Anfang ganz allein (*idam-eka eva-agra*) war, bei sich dachte, die Welten ausfließen zu lassen und das auch tat (*sa īkṣata lokāṇ-nu sṛjā iti | sa imāṃl-lokān-asṛja-ta*), sie der im akkadischen Schöpfungslied ›Enuma Eliš‹ vorfindlichen Weltsphären-Schichtung nicht unähnlich einteilte,[52] dann, nachdem Er den Puruṣa aus den Wassern selbst herausgezogen hatte, ihn zu einer festen Gestalt formte (*so-'dbhya eva puruṣaṃ samuddhṛtya-amūrchayat*) und (unter [asketischer] Anstrengung/Hitze) be-/ausbrütete/ausheckte (*tam-abhyata-pat*), wonach aus dessen Mund, der wie ein Ei auseinanderbrach, die Sprache/Rede, der Logos (*mukhaṃ nirabhidyata yathā-aṇḍam mukhād-vāg*) und aus seinen einzelnen Organen die ihnen zugehörigen Funktionen und analogen Naturerscheinungen hervorbrachen (*nirabhidyetāṃ*).[53]

Aus geiststrukturellen Gründen nehme ich einmal gegen Śaṅkara an, daß das Urwesen auch an der zur Debatte stehenden Stelle der ›Bṛhadāraṇyaka-Upaniṣad 1.4.1‹ wirklich das allererste Wesen, das heißt das Primärprinzip verkörpert, das sich durch seine Umsicht oder Übersicht (*anuvīkṣya*) über nichts, nämlich, wie zu vermuten ist, das unmanifestierte, noch nicht seiende/existierende All, sich selbst oder seine Selbsthaftigkeit und seine sprachliche Selbst(ent)äußerung (*vyāharat*)

---

51 Zu ›Ṛg-Veda 10.90‹ siehe den Beginn von Faszikel II/6, Kapitel 1.1.

52 Die Betrachtung des Aufbaus altorientalischer Kosmogonien im Faszikel II/3 meiner Monographie wird zeigen, daß die Bildeprinzipien dieser und altindischer frappante Ähnlichkeiten aufweisen.

53 Cf. Aitareya-Upaniṣad 1.1.1–4, ⟨ed.⟩ J. L. Shastri, Upaniṣatsaṅgrahaḥ, p. 31.

und das darin ausgedrückte Selbstgewahren (*so-'ham asmi-ity*) gleichsam in zweifacher Weise verdoppelt, durch seine Manifestation a u s sich = vektoriell-vertikale Selbstbewußtwerdung (ϒ3½) und a l s sich = rekursiv-horizontales Selbst(ϒ$\overset{\rightrightarrows}{3}$)-Bewußt(ϒ$3_1$)-Sein(ϒ$3_2$) = (ϒ3). Solche Gedankengänge sind innerhalb der spät-antiken abendländischen Philosophie, im Neuplatonismus z.B., bestens bekannt.

Die Autopoiesis Ātman's wird im anschließenden Vers unter Verwendung mythischer Bilder fortgeführt. Dort lesen wir, daß sich das Ur(menschen)wesen aufgrund Seiner Alleinheit/Einsamkeit (*ekākī*) fürchtete (*abibhet*). Indem Es aber dachte, daß da kein anderer ist (*yan-mad-anyan-na-asti*), verschwand Seine Furcht und Es stellte dann fest, daß Es wegen Seiner Alleinheit/Einsamkeit auch keine Freude empfindet (*na-eva reme tasmād-ekākī na ramate*), worauf Es sich ein zweites (Wesen) wünschte (*sa dvitīyam-aicchat*). Während Es so groß wie Mann und Frau in (enger) Umarmung war (ϒ3') – als diese Ur-Syzygie – teilte ebendieses Selbst sich entzwei (*imam-evā-ātmānaṃ dvedha 'pātayat*) und es entstanden Gatte (ϒ3_2) und Gattin (*patiś-ca patnī*) (ϒ3_1) – d.h. der Geist (ϒ3) als Inbegriff des Potentialzustands aller zweiheitlich-polaren Gegensätzlichkeit. Dementsprechend wurde dieser Leerraum hier (*ayam-ākāśaḥ*) – der evtl. schon als Matrix des kosmischen Raumes aufzufassen ist[54] – durch die Frau erfüllt. Mit ihr war Er beisammen (*tāṃ samabhavat*) (ϒ$\overset{\rightrightarrows}{3}$) und es entstanden daraus die Menschen (*tato manuṣyā ajāyanta*) (ϒ2) – in etwa dem Vedānta-Konzept der Lebensseele (*jīva*) gleichzusetzen, in hypostatischer Terminologie die Psychē (wohl die Einzel- oder Individualseelen) – und was sich auch immer geschlechtlich

---

54 Zum leeren Raum (*ākāśa*) als erster Bestimmung des in Form von Atemhauchen (*prāṇāḥ*) in den Manifestationsprozeß eintretenden Ātman cf. A. K. Coomaraswamy, The Reinterpretation of Buddhism, p. 579[1]; idem, Ṛgveda 10.90.1 *áty atiṣṭhad daśāṅgulám*, p. 147[5].

vermehrt (*yad-idaṃ kiṃ-ca mithunam*) (ϒ2/1), worauf „Er wußte: »Ich bin wahrlich diese Emanation, denn ich ließ aus mir all dies ausfließen/hervorgehen«" (*so-'ved-ahaṃ vāva sṛṣṭir-asmy-aham hi-idaṃ sarvam-asṛkṣi-iti*)[55] – und damit vom Allein-heits- zum All-Einheitsbewußtsein ⟨Y5⟩ gelangt war.

Zur Rechtfertigung meiner Skalierung können zwei vergleichbare Stellen herangezogen werden. Die eine stammt aus einer anderen, die andere aus derselben Upanischade, nur einige Zeilen weiter. Daß uns der große Śaṅkarācārya bei der Deutung dieser Stellen nicht letztes Maß sein kann, ist daran festzumachen, daß er zu allen dreien unterschiedliche Auslegungen vorträgt, obwohl die strukturelle Analogie der drei Originalpassus in die Augen springt. Zum vierten Unterkapitel (*brāḥmaṇa*), der ›Bṛhadāraṇyaka-Upaniṣad‹, aus dem die meisten der hier abgehandelten frühindischen geisttheoretischen Spekulationen stammen, merkt ein bedeutender, heute fast vergessener Indologe und Philosophiewissenschaftler an:

„Der Verfasser dieses tiefsinnigen Abschnittes bedient sich der überkommenen Form der Schöpfungsmythen (...) als eines Rahmens, nicht um eine zusammenhängende Legende von der Schöpfung der Welt aus dem Âtman zu erzählen, sondern nur, um die innere Abhängigkeit alles Seienden von dem Âtman darzuthun. Daher knüpft er immer wieder von neuem an den Âtman, das Brahman an, und die äußere Form hat dadurch etwas Fragmentarisches; aber an eine Sammlung von Fragmenten zu denken, verbietet die vollkommene Einheitlichkeit des durchgehenden Grundgedankens."[56] Bei dem Aufweis dieser ‚inneren Abhängigkeit' steht selbstverständlich

---

[55] Cf. Bṛhadāraṇyaka-Upaniṣad 1.4.2–5, ⟨ed.⟩ J. L. Shastri, Upaniṣatsaṅgrahaḥ, p. 88; meine über den Text hinausgehenden komparativen Verweise und Erläuterungen sind durch Gedankenstriche von der sehr textnahen Paraphrase abgehoben.

[56] P. Deussen, Sechzig Upanishad's des Veda, p. 391.

dasjenige Moment im Mittelpunkt, an dem diese Abhängigkeit hängt, das die Vermittlungsfunktion ausübt und das Verbindungsglied darstellt (non-missing link). Daß auch Fragmente nach einem Grundgedanken zusammengestellt sein können, wird von dem zitierten Gelehrten unbedachterweise nicht in Betracht gezogen.

Zweitens nun die Reversions-Variante, die nicht von der Zielperspektive ausgeht, sondern von der Wegperspektive, unserem Humanstandpunkt, indem wir als vernünftige Wesen (ϒ2) darüber aufgeklärt werden, wie das Ursubjekt, der Puruṣa, zu (er)fassen ist, um ein lebend(ig) Erlöster (*jīvan-mukta*) zu werden. Dabei wird das »ich bin« durch die entgegengesetzte Blickrichtung zu einem »er ist«.

(ϒ3) „Nur durch »(Er) ist« (*asti-ity*) ist Er zu (er)fassen, und (dann) Seine
(ϒ4) prinzipielle Existenz/Seinsheit (*tattva-bhāvena*);
(ϒ3') durch beides wird
(ϒ4) die prinzipielle Existenz/Seinsheit (*tattva-bhāvaḥ*),
(ϒ3) von der nur »(Er) ist« erfaßt wurde,
(ϒ'4)⟨Y5⟩ durchsichtig/klar (*prasīdati*).“[57]

Bei der Verdeutschung dieses schwierigen, in der Übersetzungsliteratur unterschiedlich übertragenen Texts, orientiere ich mich an einer analogen Stelle der ›Maitrī-Upaniṣad‹, nach welcher zwei Brahman-s zu reflektieren (*abhidhyeye*) und wissen (*veditavye*) sind, das Verlautbarte/Sprachliche (*śabdaś-*) und das Lautlose/Unsprachliche (*aśabdaś-ca*) bzw. das Laut-/Sprachbrahman (*śabda-brahma*) und das Höchste/Transzendente, das Param(-Brahman) (*parañ ca yat*), wobei durch die

[57] Kaṭha-Upaniṣad 2.3.13 = 6.13, ⟨ed.⟩ J. L. Shastri, Upaniṣatsaṅgrahaḥ, p. 10: *asti-ity-eva-upalabdhavyas-tattva-bhāvena ca-ubhayoḥ* ‖ *asti-ity-eva-upalabdhasya tattva-bhāvaḥ prasīdati* ‖.

Sprache das Nichtsprachliche (*aśabdam*) offenbar gemacht (*āviṣkriyate*) und durch die Vertrautheit mit, die Versiertheit in dem Logos-/Sprachbrahman (*śabda-brahmaṇi niṣṇātaḥ*) das Parambrahman erlangt wird (*param brahma-adhigacchati*).[58] Die an manchen Stellen sehr freie, geradezu paraphrasierende Übersetzung der ›Kaṭha-Upaniṣad‹, die der Advaita Āśrama besorgte, welche sich wiederum von den Ausführungen Śaṅkara's zu diesem Passus leiten läßt, bestätigt meine Entscheidung.[59]

Im Kommentar des erlauchten Ācārya wird das Selbst einmal innerhalb der dem Bereich konventionell-begriffsgebundener Wahrheit zugehörigen Theorie, daß die Wirkung (*kārya*) bereits vor der Verursachung in unmanifestierter Form in der Ursache seiend (*sat*) ist (*sat-kārya-vāda*), aufgefaßt; unter diesen Umständen trage es die Akzidenzien, die limitierenden Beifügungen des Geists/Intellects (*buddhi*) (!) usw. (*sat-kārya-buddhy-ādy-upādhibhiḥ*), was der Ist- oder Er-ist-Erfassung gleichkommt (ϒ3). Andermal wird im Modus übergeistigen Wahrseins von dem Selbst (*ātmanas*) ausgegangen, das keine Akzidenzien oder Attribute aufweist (*nirupādhika*) und davon ausgenommen ist, auf den Bereich der Setzung/Begriffe von Sein, Nichtsein usw. (wobei für das »usw.« Sowohl-Sein–als-auch-Nichtsein wie Weder-Sein–noch-Nichtsein zu ergänzen sind) beschränkt zu sein (*sad-asad-ādi-pratyaya-viṣayatva-varjitasya-ātmanas*), das gegenüber Wißbarem und Nicht-Wißbarem different (*vidita-aviditābhyām-anyo*) [(−ϒ4)=(Y5)] und wesenhaft oder an sich nicht-zwei (*advaya-svabhāva*), »weder–noch« (*neti nety-ity*) ist und dem Offenbarwerden des

[58] Cf. Maitrī-Upaniṣad 6.22; wegen einer Textabweichung, vermutlich einem Druckfehler in der Ausgabe von J. L. Shastri, entnehme ich die Originaterminologie der Ausgabe ⟨ed./tr.⟩ S. Radhakrishnan, The Principal Upaniṣads, p. 833.

[59] Cf. ⟨ed./tr.⟩ S. Gambhīrānanda, Eight Upaniṣads, 1.227–228.

wesentlichen, prinzipiellen oder wirklichen Seins (*tattva-bhāvo bhavati*) entspricht [(ϒ4)≈̂(Y5)].[60] Schließlich die beide Aspekte verbindende Variante:

(ϒ4)	„Wahrlich, dies war im Anbeginn Brahman (*brahma*); Dieses (*tad-*)
(ϒ3)	wußte nur von sich/seinem Selbst (*ātmānam-eva-aved-*): »Ich bin Brahman« (*ahaṃ brahma-asmi-iti*); dadurch ward Es
(ϒ2/1) [ϒ4]	dieses All (*tat-sarvam*) [!];
(ϒ2½)	wer auch immer von den Göttern
(ϒ4)	zu Diesem
(ϒ'3)	erwachte, eben der wurde
(ϒ4)	Dieses;
(ϒ2¼)	eben solches [gilt] von den Sehern,
(ϒ2/1)	eben solches von den Menschen."[61]

Im Advaita ist es zwar üblich, das hier an- und ausgesprochene Selbstbewußtsein oder »Ich bin« Brahman's als einen der vier Großen Sprüche (*mahā-vākya*) im Sinne der unmittelbar erfahrbaren oder erfahrenen (*anubhava*) Selbigkeit von Individualselbst (*ātman*) und Allselbst (*brahman*) und mit Śaṅkara

---

[60] Cf. Śaṅkara, Kaṭha-Upaniṣad-Bhāṣya 2.3.13 = 6.13, Samata Edition, 8.225-226.

[61] Cf. Bṛhadāraṇyaka-Upaniṣad 1.4.10, ⟨ed.⟩ J. L. Shastri, Upaniṣatsaṅgrahaḥ, p. 89: *brahma vā idam-agra āsīt-tad-ātmānam-eva-aved-ahaṃ brahma-asmi-iti | tasmāt-tat-sarvam-abhavat tad-yo yo devānāṃ pratyabudhyata sa eva tad-abhavat-tatha-ṛṣīṇāṃ tathā manuṣyāṇāṃ*. Das erste „dies" des ersten Satzteils wird von den einen Kommentatoren als Ātman, von den anderen als All verstanden. Das Erwachen zu diesem/Diesem (*tad*) kann danach als Dreischritt aufgefaßt weden: als Schritt zum All/Kosmos, d.h. zum kosmischen Bewußtsein (ϒ2½); als Schritt zum Geist oder reinen Selbstbewußtsein (ϒ3) und als Schritt zum Absoluten oder der Bewußtheit an sich (ϒ4); zum „All" (*sarvam*) s.u.

als schiere Identität zu deuten, doch sollte das nicht hindern, den Text vom Blickpunkt der Geisttheorie aus, d.h. unter deren Geltungsanspruch wörtlich und unter Berufung auf Śaṅkara's eben vorgestellten Kommentar zur gegenläufig-analogen Stelle der ›Kaṭha-Upaniṣad‹, in dieser Hinsicht wenigstens, gegen ihn selbst und die gängige Advaita-Interpretation zu lesen und das darin implizierte Verlaufsprotokoll des Werdeprozesses, das von der Allein-heit (Singularität) am Anfang (ϒ4) über die Zwei-Einheit der spiegelgleichen Selbsterkenntnis (ϒ3) und das dadurch angestoßene Werden bis zur Vielheit oder Allheit von Name/Denken (ϒ2) und Form/Sinnlichkeit (ϒ1) und somit zur All-Einheit ⟨Y5⟩ reicht,[62] explizit zu machen.

Die Rechtfertigung für solch ein Vorgehen, das der śaṅkaritischen Lesart in keiner Weise entgegenstehen muß, weiß man nur den Geltungssinn auf die jeweiligen Aussageebenen methodisch richtig anzuwenden, ist abgesehen davon, daß es sich hierbei um ein strukturell grundlegendes, weltweit verbreitetes geisttheoretisches Schema handelt, das in älteren indischen Vorlagen in den Mythologemen bzw. Philosophemen von Sprache/Logos (*vāk*) und Name/Benennung/Idee (*nāma*) vorgebildet ist, welche oben bereits bedacht wurden und später, handelt es sich doch um einen Zentralgedanken dieser Studie hier, noch mehrmals unsere Aufmerksamkeit auf sich ziehen werden, wenigstens andeutungsweise aus der Bemerkung auf diese Offenbarungs-Stelle (*śruti*) abzuleiten, die Śaṅkara in seinem Kommentar dazu selbst einwenden läßt, weil sie auf Auslegungen weist, die tatsächlich vertreten wurden.

Einer dieser Einwürfe lautet,[63] daß nur das niedere Brahman (*brahma aparam*) durch ein Handlungsresultat, nämlich

---

62 Ich darf hier an den Passus Bṛhadāraṇyaka-Upaniṣad 1.4.7, zurückerinnern, der oben übersetzt und erläutert wurde.

63 Cf. S. Mādhavānanda, The Bṛhadāraṇyaka Upaniṣad, p. 101[1], wo der Einwand dem Kommentator Vṛttikāra zugeschrieben wird.

eines Wissensaktes (*vijñāna-sādhyāṃ*), zu allem bzw. zum All werden könne (*sarva-bhāva-āpattir*), nicht aber das höchste, transzendente Brahman (*na hi parasya brahmaṇaḥ* ...),[64] das in seiner Eigenschaftslosigkeit nach Lehrmeinung des nondualistischen Vedānta bekanntlich nichts tut und damit auch nicht reflektiert. Deshalb sei an dieser Offenbarungsstelle der Schöpfergott als Saguṇa-Brahman (Prajāpati, Hiraṇyagarbha, Īśvara, evtl. Brahmā) gemeint (die kurze a-Endung des Nominativs der Upaniṣad-Stelle ist eindeutig Neutrum, das Maskulin des Schöpferaspekts der Götterdreiheit müßte dementgegen eine lange ā-Endung haben), werde doch von der Allwerdung (*tat-sarvam-abhavat*) aufgrund eines Erkenntnisvorgangs geredet.

Hinter dieser Auseinandersetzung steht natürlich die Lehre von der Vollendung durch Nicht-Handeln oder Nichtstun (*naiṣkarmya*), die Sureśvara (8. Jh.) in Fortführung und Zuspitzung der Doktrin seines Lehrers Śaṅkara ins Zentrum des Advaita rückte.[65] Nach dieser ist das Erleuchtungswissen weder durch irgendwelche Opferhandlungen oder Werke zu erlangen noch Ergebnis eines bedingungsartigen Denkprozesses, einer Denkhandlung, sondern nur durch Aufhebung all dessen, und damit Aufhebung allen bedingten Wissens, zu verwirklichen, da dieses nichts als falsche Zuschreibung von Eigenschaften an das im Advaita allgemein als höchstes (*para*) eigenschaftsloses (*nirguṇa*), unterschiedsloses (*nirviśeṣa*), undenkbares (*acintya*), von Gegensatzpaaren freies (*nirdvandva*), als Weder-dies–Noch-das (*neti neti*) verstandene Ātman-Brahman ist.

Diese irrtümliche Projektion (*adhyāropaṇa*), heißt es nun weiter im Kommentar Śaṅkara's zum diskutierten Upaniṣad-

---

[64] Cf. Śaṅkara, Bṛhadāraṇyaka-Upaniṣad-Bhāṣya 1.4.10, Samata Edition, 10.122.

[65] Cf. Sureśvara, Naiṣkarmyasiddhi, besonders Kapitel 1; Śaṅkara, Upadeśasāhasrī 11.7-16, 12.13; Bhagavad-Gītā 3.4, 18.49 (mit Kommentar Śaṅkara's).

Passus, tue sich in dem (falschen) Bewußtsein kund, nicht Brahman und infolgedessen nicht alles zu sein. Nur wenn jenes (falsche) Bewußtsein zunichte werde, verschwinde dieses (mit) und nicht anders werde Brahman zum allem.[66]

Angesichts der voneinander abweichenden, ja gegenläufigen Sichtweisen und Bedeutungen von »All« oder allem (*sarvam*), zum einen als ‚Welt'zustand der Perfektion und Absolutheit vor und nach allem zeitlichen Nacheinander (Sukzession) und jenseits räumlichen Nebeneinanders (Extension), als All-Einheit und Ein-Allheit in völliger Selbstgleichheit (*Rūpa-Nāma–nāma-rūpa*), zum andern als (inner)kosmisches Geschehen raum-zeitlicher Entfaltung und damit Unvollkommenheit qua Relativität, vielheitliche und einzelheitliche Ganzheit von Teilen (*nāma-rūpa*), fühlt man sich gleichsam herausgefordert, beide Perspektiven geltend zu machen, indem man den analytisch-dialektischen, resolutiven wie den geiststrukturell-synthetischen, kompositiven Ansatz, der das »Ich bin«, das IntellectSeiende, platonisch gesprochen, das *noũs–(noẽt)ón,* mitbedenkt, gleicherweise berücksichtigt.

Rückendeckung für unsere geisttheoretische Interpretation bekommen wir aus der westlichen, interkulturell-komparativen Philosophiewissenschaft. Um das folgende, eine eigene abschließende Stellungnahme erübrigende Zitat zu der im Hinduismus und der Indologie kontrovers debattierten Thematik richtig einordnen zu können, brauche ich nur drei Erläuterungen vorauszuschicken, daß nämlich, dem Sinn der Quellentexte entsprechend, mit dem angesprochenen »Ich« nicht irgendein empirisches, individuelles Ego gemeint ist, sondern vielmehr das Ego aller Egos, das ‚Ich der Iche', etwa im Sinne der Verwendung des Begriffs in der »Wissenschaftslehre« von J. G.

[66] Cf. Śaṅkara, Bṛhadāraṇyaka-Upaniṣad-Bhāṣya 1.4.10, Samata Edition, 10.132: *abrahma-adhyāropaṇa-apagamāt tat-kāryasya-asarva-tvasya nivṛttyā sarvam-abhavat.*

Fichte und noch darüber hinaus, die Idee des Ich oder hypostatisch gesprochen, der Geist; daß »Denken« hier für den unmittelbaren (noetischen) Geistvollzug und noch mehr steht, und daß die Identität von intellectualem Erwachen/Klarwerden und mundanem Werden/Sein, die Verschränkung der gnoseologischen mit der ontologischen Seite, wie im Falle von Parmenides, gemäß den beiden Vollzugsphasen des Geistes, zum einen seiner Selbstmanifestation aus dem Primärprinzip, zum andern seiner funktionalen Binnengliederung als Sekundärprinzip, wohl zweifach bzw. im Übergang zu deuten ist, als ,Transzendentalien'-Bestimmung und/oder Bezug der internen Noũs-Momente aufeinander. Mitzubedenken ist freilich, daß die Formulierungsmöglichkeit dieser Struktur, läßt man sich einmal auf die genetische Ableitung ein, was aus der Blickrichtung der Strukturtheorie der Re–flexion, wie ich im ersten Band der ›Widerspiegelung des Geistes‹ herausstellte, obsolet ist, vom begrifflichen Denken abhängt (ich werde das entlang der Argumentation von Plotinos im Faszikel II/5 noch expressis verbis vorführen), mit dem in der Metaphysik operiert wird, sich der *actus purus* also auch zu den tieferen Rängen hin erstrecken und auf diese Weise die gesamte onto-nootische Entfaltung das Leergeschehen eines einzigen *actus purus* repräsentieren muß.

„Es entstand das Wort ,Ich' also offenkundig aus der ursprünglichen, anfänglichen ersten Reflexion, in der das Absolute, sich selbst reflektierend, zu sich kommt, also zum Bewußtsein, zum ersten ursprünglichen Reflex und Bild seiner selbst. So fällt der Ursprung des Bewußtseins in der ersten Reflexion mit dem Ursprung des Ichs zusammen, das im Ergebnis dieser reflektorischen Selbstsetzung, dieser ersten Selbstspiegelung, der speculatio prima, zur Selbstdarstellung gelangt. Die Ichaussage ist danach die in der speculatio prima ursprünglichen Bewußtseins erfolgte reflektorische Selbstposition, insoferne sie in der Sprache ersten und unmittelbaren Ausdruck findet. Dieser erste, unmittelbare Ausdruck der ersten Reflexion als der speculatio prima erfährt in schöpferischem Laut- und Sprachwerden auf Grund der Reflexion erste Entfaltung im Wort als Urwort. Die Urbewegung der schöpferischen Reflexion, in ihrer Innerlichkeit und Ausdrücklichkeit zusammengenommen, bringen das Ich und seine Aussage ursprünglich hervor. So enthüllt sich die Ichaussage als der actus purus der ersten Reflexion in seiner ersten sprachlichen Erfüllung und Formung. Im Akt der Reflexion entsteht, in ihrer aktualen Ursprünglichkeit, im reflektierenden Selbst – eben im Ergebnis des Reflektierens – ein erstes Bild und damit prinzipiell die erste Darstellung, der Anfang der Aussage, in der das Sagen im Bilde zum Bilden im Sagen wird. Wir lesen daher: »Im Anbeginn war hier nur das Brahma allein. Dies kannte nur sich selbst: Ich bin Brahma. *Daher* wurde es zum All. Wer immer von den Göttern das erkannte, *wurde, was er erkannte.* Ebenso ist das bei den Ṛṣis, ebenso bei den Menschen.«

Hier ist das Sagen, das noch eins mit dem Sein. Ursprünglich, d.h. in der ersten Grundbewegung des Denkens, in der Bewegung aus dem Grunde, in der Urgrunderkenntnis, sind Sagen und Sein, Denken und Sein in vollkommener Einheit und Identität, sind »verwachsen«, d.h. *konkret* dasselbe. So liegt im Absoluten die absolute Identität von Denken und Sein, die absolute Wahrheit, in der konkreten Teilhabe des Denkens am Sein und des Seins am Denken im Urgrund, der zwar Denken und Sein nicht scheidet, aber ihre mögliche Einheit und Übereinstimmung als Wahrheit des Denkens (logische Wahrheit) oder Wahrheit des Seins (ontologische Wahrheit) in seiner Einheit entscheidet.

Es ist klar, daß dieses ursprünglich mit dem Sein zusammenhängende Denken nicht mit der linearen logischen Form zur Deckung gebracht werden kann, aber ebensowenig mit einer konstruktiv-dialektischen. Wir lesen daher: »Mit ‚Ist', ‚Ist nicht', ‚Nicht-Ist ist' oder auch ‚Nicht-Ist ist nicht'; mit Festem

(Affirmation), Beweglichem (Negation), beiden in eins (also Thesis, Antithesis, Synthesis) oder doppelter Negierung (Aufhebung) verschleiert es nur der Tor.« Und doch wird dem »Ist« in der Aussage des Absoluten eine entscheidende wesentliche Bedeutung beigemessen. Wir lesen: »Nicht mit Worten, nicht mit dem Verstand nicht mit dem Auge kann er (der Ātmā) erfaßt werden, sondern nur mit dem Worte »(er) ist« (asti) wird er faßbar, dadurch allein wird sein wahres Wesen offenbar.« Dieses »ist« (asti) ist nicht als copula irgendeines Satzes, sondern als Ausdruck der konzentriertesten Aussage aufzufassen, als ein Wort, in dem zusammenfassend alles gesagt wird, was überhaupt gesagt werden kann. Dieses »Ist« ist alles »Ist«, das in jedem zugrunde liegt."[67]

Wie schön wäre es, solch reflektorische Schützenhilfe bei der Auslegung mehrerer, gar vieler Gedankengänge der (antiken) philosophischen Traditionen zu erhalten! Damit ich an dieser Stelle nicht mißverstanden werde, weise ich noch einmal auf die Konventionen zu Beginn des Faszikels II/1 zurück, daß mit meinem Ausdruck der Anerkennung hier keine generelle Zustimmung zur Interpretation indischer (und griechischer) Philosophie des zitierten Gelehrten gegeben sein muß und auch nicht ist. So kann ich mich mit seinen Darlegungen zum Buddhismus überhaupt nicht einverstanden erklären,[68] und auch seine Bemerkung zu Herakleitos ist formal zwar richtig,

---

[67] L. Gabriel, Einführung in indisches Denken, pp. XXVI–XXVIII, zu Bṛhadāraṇyaka-Upaniṣad 1.4.1; Zitate: Bṛhadāraṇyaka-Upaniṣad 1.4.10 (Angabe in L. Gabriel, Einführung ..., p. XLIX, Endnote 26 mit Bezug auf Note 25, ist falsch); Gauḍapāda, Gauḍapādīya-Kārikā (Māṇḍūkya-Kārikā) 4.84, Klammerausdrücke L. Gabriel; Kaṭha-Upaniṣad 2.3.12–13 = 6.12–13 (vgl. meine Übersetzung plus schwierige Interpretation oben).

[68] Cf. L. Gabriel, Einführung in indisches Denken, pp. XXXIII–XXXIX; warum das so ist, geht aus H. P. Sturm, Die vier Stadien des Ent–Setzens, überdeutlich hervor.

doxographisch aber irreführend.[69] Auf seinen gedanklichen Schwenk zur sogenannten modernen Philosophie und seine Feststellungen zum Verständnis der Philosophie im Ost-West-Verhältnis kann ich mich hier leider nicht einlassen.

Für die Hindu-Tradition soll der Übergang vom Unmanifestierten zum Manifesten (und umgekehrt) mit einer weiteren Vergleichsstelle zur Fähigkeit des universalen und/oder partikularen Logos (*vāk*), das All des Vielheitlichen und Unterschiedlichen hervorzubringen, dokumentiert werden:

(ϒ0) „Wie, o Seliger, durch einen Lehmklumpen
(ϒ1) alles aus Lehm Bestehende
(ϒ2) erkannt ist, so womöglich [dies],
(ϒ3_1) daß die Modifikation/Transformation/Umwandlung
(ϒ3_2) Sprache/Wort/Logos (*vāc*) zum Halt/Prinzip hat, Namengebung/Benennung (*nāma-dheyaṃ*);
(ϒ4) Lehm gerade ist die Wahrheit/Seinsheit selbst.“[70]

Dem entspricht die Parmenideische Fiktion des Vielheitlichen insoweit, als der materielle Lehm (*mṛttikā*) der Upaniṣad-Stelle nur Gleichnis für das ausschließlich eine, zweitlose, alleinige Sein ist,[71] während das durch Umwandlung (*vikāra*) Entstandene auf Namensgebung, auf Benennung (*nāma-dheyam*), auf

---

[69] Cf. L. Gabriel, Einführung in indisches Denken, pp. XIX–XX; klarer und zutreffender in idem, Vom Brahma zur Existenz, p. 44, wovon die Quintessenz im Heraklit-Kapitel noch zitiert werden wird.

[70] Chāndogya-Upaniṣad 6.1.4, ⟨ed.⟩ J. L. Shastri, Upaniṣatsaṅgrahaḥ, p. 66: *yathā somya-ekena mṛt-piṇḍena sarvaṃ mṛn-mayaṃ vijñātaṃ syād-vāc-ārambhaṇaṃ vikāro nāma-dheyaṃ mṛttikā-ity-eva satyam* ‖. Cf. o.c. 6.1.3–6.3.4.

[71] Chāndogya-Upaniṣad 6.2.1, ⟨ed.⟩ J. L. Shastri, Upaniṣatsaṅgrahaḥ, p. 66: „Sein allein, o Guter/Milder [des Soma Würdiger], war Dies anfangs, Eins nur ohne zweites.“ (*sad-eva somya-idam-agra āsīd-ekam-eva-advitīyam*). Cf. o.c. 6.2.2.

Ideen und deren Schwundstufen, den Begriffen, mit der ihnen in unterschiedlichen Kon- bzw. Distraktionsgraden inhärierenden Bifunktionalität des Bedeutens (Konnotation/Intensionalität) und Bezeichnens (Denotation/Extensionalität), d.h. der Geiststruktur als Ein-Zweifachheit von Identifikation und Differentiation, beruht. „Es ist dies die älteste Stelle, in der die Nichtrealität der vielheitlichen Welt ausgesprochen wird. Nicht lange darauf gelangte in Griechenland Parmenides zur selben Erkenntnis und sprach sie fast ebenso aus: τῷ πάντ' ὄνομ' ἐστίν, ὅσσα βροτοὶ κατέθεντο πεποιθότες εἶναι ἀληθῆ, γίνεσθαί τε καὶ ὄλλυσθαι etc. »darum ist alles, was die Menschen vertrauensvoll für wahr angenommen haben, alles Werden und Vergehen, ein bloßer Name«. Dieselbe Erkenntnis spricht Spinoza aus, wenn er alle Individuen für *modi* der einen göttlichen *substantia* erklärt.“[72]

Das analoge Bild von der Trägersubstanz Gold (*chrusós*) bei Heraklit wird noch Gegenstand näherer Betrachtung werden. Hier möchte ich jedoch schon festhalten, daß sich die Analogie in Platon's ›Timaios‹ von der upaniṣadischen insofern unterscheidet, als damit bei ersterem die Materie im eigentlichen, stofflichen Sinne gemeint ist,[73] und der Vedānta entgegen einigen Forschermeinungen mit Brahman keine Substanzlehre in der sinnlich-materiellen Bedeutung verknüpft. „Folglich ist es ein fundamentaler Irrtum zu sagen, daß die Wirklichkeit für die upaniṣadischen Lehrer Substanz ist oder daß Śaṅkara ein Substanz-Philosoph ist.“[74] Mehr noch: „Die »Spiritualität« des Tao

[72] P. Deussen, Sechzig Upanishad's des Veda, p. 154; die darin geäußerte Kritik an solchen Spekulationen halte ich für überzogen, da sie deren Grund- und Ausdrucksformen mit zu wenig metaphysischem Feinsinn deutet; cf. idem, Allgemeine Geschichte der Philosophie, 1.3.600; R. S. Brumbaugh, The Philosophers of Greece, p. 55.

[73] Cf. Platon, Timaios 49e7-50b6.

[74] R. Puligandla, Reality and Mysticism, p. 62.

wie des Brahman des Vedānta und des Dharmakāya usw. des Mahāyāna geht aus der Tatsache hervor, daß diese nondualen Absoluta nicht reduktiv als irgendein materielles Substrat verstanden werden können, sondern ebenso die Quelle allen Bewußtseins sind."[75]

---

[75] D. Loy, Nonduality, p. 116.

3 Eines-Wandlung–Benennung-Erscheinung: Herakleitos und der Vedānta

Die Grundzüge des GeistSeins-Monismus von Parmenides unterscheiden sich, kosmologisch-physiologische Einzelheiten einmal beiseite gelassen, von den Grundzügen des Weisheits-Absolut-Monismus seines Zeitgenossen Herakleitos aus Ephesos nur in der Akzentuierung. 'Blicken wir auf die Parameter menschlicher Realität mit unverzerrter Vernunft', „so entdecken wir eine mögliche Interpretation, der gemäß Herakleitos und Parmenides, weit davon entfernt, Gegenspieler zu sein, verwandte Geister sind. Obwohl sie sich teilweise auf unterschiedliche Aspekte konzentrieren und obwohl sie ihre Ansichten auf verschiedene Weise vertreten, teilen ihre Philosophien die Hauptthemen und eine gemeinsame Interpretation dieser Themen und diese Sicht scheint uns einen Ariadnefaden zu liefern, der uns hilft, unseren Weg durch einen Irrgarten scheinbar heterogener Fragmente zu finden ..."[1]

Die Einsicht in die Gleichartigkeit der Grundstrukturierung des Heraklitischen und Parmenideischen BewußtSeins-Gefüges ist jedoch keineswegs neu. Bereits in der Antike wurde auf die Analogie zwischen diesen scheinbar konträren, ja kontradiktorischen Realitätsbeschreibungen aufmerksam gemacht, und zwar von keinem Geringeren als dem denkgewaltigen Neuplatoniker Plotinos: „Und auch Anaxagoras setzt [wie Parmenides] das Erste, indem er den Geist rein/lauter und unvermischt nennt, als Einfaches und das Eine als Absolutes/Abgeschiedenes/Leeres, wenn er wegen seiner Altertümlichkeit auch

[1] M. G. J. Beets, The Coherence of Reality, p. 41.

Genaues weggelassen hat; doch auch Herakleitos hat gewußt, daß das Eine ewig und geistig ist, die Körper nämlich sind unaufhörlich im Werden und im Fluß.“[2]

Von der allenthalben behaupteten Entgegensetzung: Mobilität des Wirklichen hier, Statik des Seins dort, keine Spur, vergleicht man nur die strukturell entsprechenden Schichten des BewußtSeins miteinander. „So berücksichtigt Heraklit die in der Erfahrung, in den Phänomenen offenkundigen differentiellen Gefüge der Mannigfaltigkeit und Veränderlichkeit, verbindet damit aber im ganzen das Prinzip des Logos, der identisch bleibenden Einheit und Ordnung des sinnbildlichen Seinsganzen, das Noumenon des Parmenides. Er stiftet die erste große Synthese von Phänomen und Noumen.“[3]

Diese Erkenntnis eroberte sich bisher, Ausnahmen bestätigen die Regel, weder im Bewußtsein angeblicher Philosophen noch, und verständlicherweise viel weniger, im Bewußtsein über Philosophie der Allgemeinheit einen Platz. Man konsultiere daraufhin nur einmal die Lehr-, Hand- und Geschichtsbücher sowie die sekundärwissenschaftlichen Standardwerke der sogenannten Philosophie, aus denen unzählige pupulärwissenschaftliche, vorgeblich gemeinverständliche und auch banale Darstellungen, eine ›Welt der Sophia‹ z.B. für Kinder und Jugendliche, der geneigte Leser weiß, was ich meine, zum Zwecke der Vermarktung und Verdummung, ich wollte (Des-) Information sagen, abgeschrieben wurden.

---

[2] Cf. Plotinos, Enneaden 5.1.9.1-5 § 50, Text ⟨edd.⟩ P. Henry / H.-R. Schwyzer: *Anaxagóras dè noũn katharòn kaì amigẽ légōn ‘aploũn kaì autòs títhetai tò prõton kaì chōristòn tò ‘én, tò d’ akribès di’ archaiótēta parẽke. kaì ‘Ērákleitos dè tò ‘èn oĩden aídion kaì noētón · tà gàr sṓmata gígnetai aeì kaì ‘réonta.* Meine erläuternde Ergänzung in eckigen Klammern. Diese Einsicht ist derart bedeutsam, daß ich sie dem vorliegenden Buch in erweiterter Form als Motto voranstellte.

[3] L. Gabriel, Vom Brahma zur Existenz, p. 44; cf. K. Vorländer, Geschichte der Philosophie, 1.47–48.

Den vorläufigen Höhepunkt des diesbezüglichen Mißverstehens und Unverständnisses stellt, wie bei vielen Einschätzungen traditionellen Philosophierens, östlichen wie westlichen, der Verfasser von philosophischen Anschein erzeugenden Pamphleten und Aperçus, irreführenderweise als Philosoph gehandelte Friedrich Nietzsche dar, durch dessen Genialität sich alle Afterphilosophen neuerer Zeit, die die Allgemeinheit mit mehr oder minder tiefschürfenden Belehrungen über die Philosophie beglücken, gerechtfertigt wähnen, Parmenides als logischen Abstraktionisten des ‘knollig-kugelrunden, durch und durch todt-massiven, starr-unbeweglichen Seins’ und der stabilen Identität (Selbst-Gleichheit), Herakleitos dementgegen als imaginativen Intuitionisten des ‘rastlos bewegten Weltalls’, des Werdens und der prozessierenden Gegensätze (Selbst-Widersprüchlichkeit) auszugeben.[4]

In der Physiko-Esoterik, ich meine die moderne Verquickung antiker und östlicher Spirituallehren mit den neuen Erkenntnissen der umwälzendsten aller Naturwissenschaften, der Relativitäts-, Quanten-, Energie- und Schwingungsphysik, das gleiche Bild: Herakleitos als Philosoph des Dynamismus, Parmenides der Betonkopf der Stasis,[5] woran festzustellen ist, daß auch bei den aufgeschlossensten Denkern an vorderster Front holistischer Spekulation die alten Vorurteile unhinterfragt iteriert werden, daß sie an die objektivistischen Weltdeutungen gefesselt sind, die vorherrschenden inhaltlich-gegenständlichen, und d.h. physischen Auslegungen allen meta-physischen Gedankenguts unbedacht übernehmend.

---

[4] Cf. F. Nietzsche, Kritische Studienausgabe, 1.822–851 (Die Philosophie im tragischen Zeitalter der Griechen 5–13); ich teile den Bericht und die Abfertigung der Nietzscheschen Einschätzung von Parmenides durch K. Albert, Vom Kult zum Logos, pp. 17–18 (Wiedergabe); pp. 18–32 (Widerlegung), uneingeschränkt.

[5] Cf. F. Capra, Der Kosmische Reigen, pp. 16–17.

Solche Vereinseitigungen bzw. Halbwahrheiten und, durch ihre Generalisierung, Unwahrheiten, die nicht wenige gelehrte Vertreter fremder Philosophietraditionen im Vertrauen darauf, daß westliche Interpreten der westlichen Philosophie ihre eigene Überlieferung kennen und verstehen müßten, und in Ermangelung genauer Kenntnisse der Originale ihren Einschätzungen abendländischer Metaphysik zugrunde legen und sich damit gehörig verschätzen,[6] gehen bis auf die großen Klassiker, Platon und seinen Schüler Aristoteles, zurück, indem sie die Lehre Heraklits bzw. der Herakliteer, wohl in polemischer Absicht, ausschließlich unter das Schlagwort des Fließens (*pánta 'reĩ*), ja Zer- und Verfließens wie der Unbeständigkeit (*pánta chōreĩ kaì oudèn ménei*) subsumierten,[7] und die Vertreter der eleatischen Schule als plumpe Stillständler oder ‚Statiker' und infolgedessen als Vertreter einer Unnatürlichkeitslehre, als Un-Naturalisten hinstellten (*'o Aristotélēs stasiṓtas te ⟨tẽs phúseōs⟩ kaì aphusíkous kéklēken*).[8]

---

[6] So z. B. geschehen in den ansonsten von mir höchst geschätzten Darlegungen von A. K. Gangadean, Between Worlds, cf. Index, s. vv. Heraclitus und Parmenides oder R. Puligandla, Fundamentals of Indian Philosophy, pp. 61, 84; idem, Jñāna-Yoga – The Way of Knowledge, pp. 34, 38.

[7] Cf. Platon, Kratylos 402a8-9; Aristoteles, Metaphysica 987ᵃ32-34, 1010ᵃ9-15; Ploutarchos, Moralia 392B (De E apud Delphos), 559C (De sera numinis vindicta); Diogenes Laërtios, De vitis dogmatis ... 9.8; etc. Cf. G. Vallin, Lumière du Non-dualisme, p. 143[1]: „Wir wollen erwähnen, daß das Strömen des heraklitischen Flusses, das durch das πάντα ῥεῖ ausgedrückt wird, ziemlich exakt der Bedeutung des Sanskrit-Wortes *Samsara* im Buddhismus entspricht (die Wurzel *sṛ* bedeutet «fließen», «(aus-)laufen»)."

[8] Cf. die Einschätzung von Aristoteles bei Sextos Empeirikos, Adversus mathematicos 10.46; Platon, Theaitetos 180d6-181b7 (180d6-184a2); der Editor und Übersetzer der verwendeten Sextus-Ausgabe, R. G. Bury, 3.232ᵇ-233, merkt zu angegebener Stelle an, daß es sich hierbei um ein Spiel mit dem Wort *stasiṓtēs* handelt, das gängigerweise mit Aufrührer, Anhänger, Parteigenosse, Auf-Ständischer zu übersetzen ist, aber über

Zu merken ist allerdings, daß die Einheits- oder Absolutheitskategorie bei dem Ephesier, im Gegensatz zu ihrer eher disjunktiven Abhebung vom Phänomenalen bei den Eleaten, ich nenne das einmal Transzendent(al)isierung, mit diesem oberflächlich betrachtet eher konjungiert bleibt/wird und auf den ersten Blick an die sāṃkhya-vedāntische und vijñānavādische Vorstellung von der Umwandlung oder Modifikation (*pariṇāma*) erinnert. Genaueres zu letzterem folgt in späteren Faszikeln.

Eine solche, aus der wie auch immer gearteten Verbindung des Kardinalprinzips mit dem Unter- oder Nachgeordneten entstehende Tendenz zur Immanentisierung der Maximalkategorie prägt auch die Noũs-Theorie Platon's und wesentliche Abschnitte der Entwicklung des Platonismus, sowie die mit den höchsten Erhebungen der geistkosmischen Landschaft Heraklits nicht ganz zu Unrecht schon in Verbindung gebrachten Anschauungen von den (Gipfeln der) BewußtSeins-Regionen 道 *dào* und 德 *dé* des Daoismus und ihrer Umwandlungen (化 *huà*).[9] „Der Taoismus, wie übrigens der Buddhismus,

---

das Grundwort *stásis,* (Zu-)Stand, Stillstand etc. auf einen Vertreter der Lehre vom Feststehen bzw. Stillstand, „die Gesamt-Stillständler/Gesamt-Aufständischen" (*'oi toũ 'ólou stasiȭtai*), so Platon, Theaitetos 181a7, weist.

[9] Cf. P. Woo K. Y., Begriffsgeschichtlicher Vergleich zwischen Tao, ὁδός und λόγος bei Chuang-tzu, Parmenides und Heraklit, pp. 137–220; verschiedene Stellen in G. Rappe, Archaische Leiberfahrung, pp. 378–424, aufzufinden durch das Personenregister, o.c., p. 535; K. Albert / Hua Xue, Einleitung in: Chuang-tse. Die Welt, pp. 23–24; T. Izutsu, The Absolute and the Perfect Man in Taoism, p. 437; M. Buber, Werkausgabe, 2.3.113.30–35; 2.3.124.17–31 (Reden und Gleichnisse des Tschuang-Tse, Nachwort); ⟨tr.⟩ E. Schwarz, Laudse (Lao-tse): Daudedsching (Tao-te-king), Einführung, p. 13; J. Gebser, Gesamtausgabe, 5.2.18; A. Rémusat, Mémoire sur la vie et les ouvrages de Lao-Tseu, philosophe Chinois du VI. siècle a. n. è., qui a professé les opinions communément attribuées à Pythagore, à Platon et à leurs disciples; C. S. Medhurst, The Tao teh king, p. X. Kritische Gegenüberstellung bei S.

weisen auf einen universalen Mobilismus, dessen Bewegung jedoch in der unwandelbaren und unaussprechlichen Gegenwart des wahrhaft oder echt ewigen Weges verwurzelt ist. Der Heraklitische «Mobilismus» scheint sich uns gegen das, was uns Platon arglistig über dessen Thema beibrachte zu denken, in dieselbe Sichtweise einzufügen.“[10]

Und wie meine soeben gemachte Bemerkung zu indischen Schichtenwelttheorien durch Transformation schließen läßt, gilt nämliches für den Hinduismus.[11] „Tatsache ist, daß die ›Bṛhadāraṇyaka Upaniṣad‹ allein mehr Licht auf das wirft, worüber Herakleitos sprach, als alle Überreste der anderen Vorsokratiker zusammen.“[12] So scheint es nicht ganz abwegig zu sein, die Lehre, besonders die Feuer-Lehre des Heraklit,

---

Mazaheri, Anfänge der Metaphysik im alten China und im alten Griechenland, pp. 391–396, 405. Allgemeine Kritik zu bisherigen Vergleichsversuchen bei G. Wohlfart, Der Philosophische Daoismus, pp. 176–178, wobei das Kind leider mit dem Bade ausgeschüttet wird, sprich das Hinein- oder Herauslesen verengter christlicher und/oder bürgerlicher Weltanschauungen in die oder aus der chinesischen Philosophie, darunter sind auch die akademisch-wissenschaftlichen der Gegenwart zu zählen, mit dem allgemeinen, höchst gerechtfertigten und geradezu geforderten Versuch gleichgesetzt wird, dem Daoismus metaphysische Qualität(en) beizumessen.

[10] G. Vallin, remarques sur quelques difficultés d’approche de la métaphysique taoïste, p. 183d.

[11] Cf. M. L. West, Early Greek Philosophy and the Orient, pp. 165–202; Ś. Aurobindo, Birth Centenary Library, 16.333–371; A. K. Coomaraswamy, Selected Papers, 2.159–165 (Measures of Fire); H. Fränkel, Wege und Formen frühgriechischen Denkens, pp. 247–250 (mit Fußnoten); K. Albert, Philosophie der Philosophie (Mystik und Philosophie), p. 260 (und mehrere fast gleichlautende Feststellungen in anderen Werken des Verfassers), mit Hinweis auf letztgenannten Autor; G. Vallin, remarques sur quelques difficultés d’approche de la métaphysique taoïste, pp. 177d–179d, 181d.

[12] M. L. West, Early Greek Philosophy and the Orient, p. 201.

„Eine »indisch-iranische« Verbindung"[13] zu nennen. Dabei darf der Zusammenhang mit dem Alten Orient ganz allgemein nicht unerwähnt bleiben: „Ich habe nur darauf hinweisen wollen, daß man Pythagoras, wenn man ihn wirklich verstehen will, nicht vom Orient loslösen darf. Dasselbe gilt, wie wir gesehen haben, auch für Herakleitos."[14] Und auch bei ihm, wie bei seinen Zeitgenossen Pythagoras und Parmenides, ist ein indirekter Anschluß an den Orient über das Kultwesen, hier des Ephesischen Heiligtums der Artemis,[15] aber auch der Orphik,[16] anzusetzen. „Bei Heraklit (frühes 5. Jh.) finden wir wiederum Lehren, die eine allgemeine Ähnlichkeit zu denen aufweisen, die in Indien vorgebracht wurden, aber sie haben anderswo ebenso Parallelen und lassen kaum irgendeine Verbindung mit dem fernen Indien vermuten."[17]

Aber warum denn immer und nur nach irgendwelchen „Verbindungen" suchen? Angesichts der formal-spekulativen Nähe der genannten Lehren zueinander, des Pythagoreismus, Heraklitismus, der Eleatik und des Vedānta, und eben auch des Daoismus, die im Fortgang der vorliegenden Studie immer

---

13 Cf. K. Fischer, ›Oriental Connection‹ – Frühgriechische Wissenschaft und orientalische Traditionen, pp. 137–143; die einzelnen Thesen dieses Essays sind allerdings nur einseitig, d. h. von einem natur(wissenschafts)-philosophischen Verständnis aus begründet und unzureichend bzw. bloß sekundärwissenschaftlich belegt.

14 B. L. van der Waerden, Das Große Jahr und die ewige Wiederkehr, p. 155.

15 Cf. C. Schefer, «Nur für Eingeweihte!» Heraklit und die Mysterien; E. Pfleiderer, Die Philosophie des Heraklit von Ephesus im Lichte der Mysterienidee; W. Kelber, Die Logoslehre, pp. 20–21; wissenschaftlich problematisch, doch Einsichten fördernd, R. Steiner, Das Christentum als mystische Tatsache und die Mysterien des Altertums, pp. 29–35.

16 Cf. D. Sider, Heraclitus in the Derveni Papyrus; insbesondere die Zusammenfassung, pp. 147–148.

17 K. Karttunen, India in Early Greek Literature, pp. 115–116.

augenscheinlicher werden wird und aus doxographischen Vergleichen einzelner ihrer Lehrgegenstände bereits vorliegender spezialwissenschaftlicher Publikationen erahnt werden kann, dürfte es nicht zu sehr verwundern, in der Architektur des angeblichen Dynamikers und Verkünders unablässigen Fließens implizit ebenfalls die statisch tragfähige Einteilung von drei bzw. vier oder gar fünf Etagen eines metaphysisch-transmetaphysischen Gesamtbaus anzutreffen. Heraklits Einheitsprinzip ist

(Υ4) das Weise/Geistige/Wissen (*tò sophón*), von allem Absolute/Losgelöste (*pántōn kechōrisménon*), Eine, Alleinige (*'én ... moũnon*), Allausreichende und alles Überragende (*exarkeĩ pãsi kaì periginetai*), niemals Untergehende/Verschwindende (*tò mḕ dũnón pote*),[18]

(Υ4/3) das qua Göttliches oder Gott (*theĩon, theós*)[19]

(Υ3) durch Geist/Wort/Verstand/Verhältnis (*lógos*),[20] Geist/

---

[18] Cf. Herakleitos B41; B32 (Eines/Weises), B108 (Weises/Absolutes), B114 (alles Überragendes [Gesetz]), B33 (Eines/Einziges), B16 (nie Untergehendes) = M42; M43, M44, M110, M112, M31.

[19] Cf. Herakleitos B67, B92, B102, B83, B78, B86 = M45, M25, M103, M60, M101, M30.

[20] Cf. Herakleitos B50 = M41, B72 ≈ M4 (nach B); hierher gehört auch der Geist (*nóos, phrḗn*) und seine Funktionen (*sōphroneĩn, phronéein*), cf. B112, B113, B114, B116 = M109, M32, M110, M33. K. v. Fritz, Die Rolle des NOΥΣ, pp. 292–303. M. L. West, Early Greek Philosophy and the Orient, pp. 124–129, bestreitet unter Reinigung der Fragmente von vermeintlich späteren Zusätzen und Nennung der sein Ansinnen unterstützenden Literatur, daß Heraklit eine Lehre vom göttlichen oder kosmischen Logos, der über den menschlichen hinausgeht, formuliert habe; auf den ersten Blick ist das nicht abwegig, doch reicht der menschlich-seelische Logos des Dunklen selbst nicht über ihn hinaus ins Grenzenlose, Göttlich-Weisheitliche und (All-)Einheitliche? Doxographie ist eben nicht Metaphysik! Zur Stützung meiner Auslegung ist die Interpretation des Heraklitischen Logos im Lichte des Nóos bei K. v. Fritz, Die Rolle des NOΥΣ, pp. 302–303, heranzuziehen. Schließlich muß ich M. L.

Sinn (*gnṓmē*), der alles überall steuert,[21] göttliche Geistesart (*ễthos … theĩon*) mit Einsichten (*gnṓmas*)[22], durch das eine göttliche Gesetz, das die menschlichen Gesetze unterhält (*nómōj … pántes ʻoi anthrṓpeioi nómoi ʻupò ʻenòs toũ theíou*),[23] die Ordnung da (*kósmon tónde*)[24], ewig dagewesenes, seiendes, sein werdendes (*ễn aeì kaì éstin kaì estai*) und ewig lebendes (*aeízōon*), einsichtsvolles (*phrónimon*), nach Maßen aufflammendes und verlöschendes (*ʻaptómenon métra kaì aposbennúmenon métra*) Feuer (*pũr*)[25] und (mit

West an seine Inanspruchnahme indischer Vorstellungen zur Erklärung der Heraklitischen Philosophie erinnern, in denen solches selbstverständlich ist.

21 Cf. Herakleitos B41 = M42.

22 Cf. Herakleitos B78 = M101.

23 Cf. Herakleitos B114, B33 = M110, M112; bei B114 = M110 entschied ich mich aus kontextuellen Gründen für die Auslegung von ⟨edd./trr⟩ H. Diels / W. Kranz, wo durch Kleinschreibung sichtbar wird, daß sich die Genetivkonstruktion „von dem einen, göttlichen" auf Gesetz (ϒ3) beziehen muß; M110 dagegen „vom Einen, Göttlichen" (ϒ4).

24 Cf. Herakleitos B30 = M62; A. K. Coomaraswamy, Selected Papers, 2.164[22] (Measures of Fire), sieht darin den Geistkosmos, „den νοητὸς κόσμος = νοητὸς ἥλιος".

25 Cf. Herakleitos B30, B64, B66 = M62, M69, M74; Dazu F. M. Cornford, From Religion to Philosophy, p. 188: „Feuer wird nur als primär angesehen, weil seine bewegliche Natur der bewegenden Lebenskraft am nächsten und ihr transparentestes Medium zu sein scheint." K. Reinhardt, Parmenides und die Geschichte der griechischen Philosophie, p. 205: „'Das Weise' ist keine Bestimmung, kein Prädikat des Feuers, sondern umgekehrt das Feuer gleichsam eine Erscheinungsform, ein Ausdrucksmittel der Weltvernunft, die Form, durch die sie sich in der materiellen Welt manifestiert …" A. K. Coomaraswamy, Selected Papers, 2.164 (Measures of Fire), bringt die Feuer-Metapher mit entsprechenden Lehren Indiens in Verbindung. Im Faszikel II/6 werden wir denn auch auf die altindische Lehre von der Lichtsee (*virāṭ*), d.h. der Geistmaterie als zweites kosmogonisches Prinzip stoßen.

Donner einschlagender) Blitz (*Keraunós*)[26], alles lenkt und am Ende richten und schlichten wird.[27]

(Υ4) Als solches, d.h. in seiner bloßen Einheitsform, ist das allein Weise, das Reingeistige (*'èn tò sophòn moũnon*), unwillig (*ouk ethélei*), mit dem Namen des (dichterischen, kultischen und volksreligiösen) »Zeus/Lebens« (*Zēnòs ónoma*) an- bzw. ausgesprochen zu werden (*légesthai*). Dennoch bildet es eine Einheit mit dem Aspekt seiner selbst,

(Υ3) der willig ist (*ethélei*), mit dem (herkömmlichen) Namen des »Zeus/Lebens« (als mythischem Vater von Göttern und Menschen und oberstem Herrscher) angesprochen bzw. ausgesprochen zu werden.[28] Als

---

[26] Cf. Herakleitos B64 = M75.

[27] Cf. Herakleitos B64–66 = M69, M74–75.

[28] Cf. Herakleitos B32 = M44. Das Wort »*Zēnós*«, epische und poetische Genetivvariante von »Zeus«, ist zugleich Homonym des genetivischen Infinitivs von »leben« (*záō*); bei der Auslegung orientiere ich mich am Fragment B67 = M45 (das noch thematisiert werden wird), in dem konstatiert ist, daß durch Bestimmung, d.h. Namensgebung eine ‚Entwesentlichung' stattfindet, die sich mit der Absolutheit und Alleinigkeit des Weisen/Geistigen nicht verträgt; zudem drängt es sich geradezu auf, den benannten »Zeus« der Benennung an sich, dem Lógos nämlich, gleichzustellen, wonach sich dieser wie jener über die höchste (Υ4) und die zweithöchste (Υ3) Prinzipienstufe erstreckt: (Υ4/3); Im Ergebnis kommt meine Deutung der philologisch begründeten von C. H. Kahn, The Art and Thought of Heraclitus, pp. 269–270, einigermaßen nahe. Demzufolge läuft sie auf eine ‚monistisch-negative Theologie' à la Xenophanes hinaus. Auf letzteren beziehen sich diesbezüglich auch ⟨edd./trr⟩ H. Diels / W. Kranz, p. 159[2], doch begründen sie anders: „οὐκ ἐθέλει, weil er mit dem vulgären Zeus nicht einverstanden ist, ἐθέλει, wenn er wie 21 [Xenophanes] B 23 als Einheit gefaßt wird." Der Kontext, innerhalb dessen das Fragment überliefert ist, die ›Teppiche‹ von Klemens aus Alexandrien, und in dem es um die Alleinherrschaft des Schöpfergottes geht, begünstigt letztgenannte Interpretation gegenüber meiner nicht. Der von Clemens Alexandrinus in diesem Zusammenhang gegebene Hinweis auf Platon, der, wie der Übersetzer der ›Stromata‹ ins Deutsche,

(konventionell) benennbares, (potentiell) aussprechbares, mit einem speziellen Logos versehbares, den Keim des Vielheitlichen in sich bergendes Eines, Weises, das eben bereit ist, den gängigen Gottesnamen zu tragen (doch noch nicht notwendig trägt), ist der Gott, so darf ich einmal freier (re)konstruieren, potentiell oder koinzident (= nicht-oppositionell) Tag und Nacht, Winter und Sommer etc.[29] In der Fortdauer eines ruhenden, beständigen Strömens[30]

⟨tr./adnot.⟩ O. Stählin, Des Clemens von Alexandreia ausgewählte Schriften aus dem Griechischen übersetzt, 4.214[6], anmerkt: „vielleicht Platon, Kratylos p. 396 B" im Blick hat, liefert hinsichtlich unserer Angelegenheit keine weiteren Aufschlüsse. Zwar wird an dieser Stelle Zeus/Dis als Herrscher und König über alles wie Ursache allen Lebens bezeichnet, doch steht er innerhalb der Theogonie eben nicht an erster Stelle, sondern wird als Nachkomme eines goßen Verstandes (*dianoías*), des den Noũs kennzeichnenden Lauteren und Unvermischten, das der Name seines Vaters, Kronos, meine, genannt. Fragt sich natürlich, wie wiederum Platon zu deuten ist, ob der Verstand und Geist etwa der Namenlose, auch noch des Namens »Zeus« Enthobene, ist (um die Transzendenz/Immanenz des Göttlichen und Geistigen bei Platon kreisen meine Ausführungen im Faszikel II/4). Meine Strukturierung des Heraklitischen GeistKosmos ist gegenüber beiden Möglichkeiten einigermaßen neutral und soll die sedimentierte Auslegungsweise in Bewegung bringen. Siehe M. L. West, Early Greek Philosophy and the Orient, p. 140, der auf der Basis von U. Hölscher eine andere Punktuation des Satzes vorschlägt, wodurch sich der Sinn des Satzes verändert: „Eins ist das Weise; es ist nicht willig und willig mit dem Namen »Zeus« allein benannt zu werden." Der Autor gibt an genannter Stelle folgende Erläuterung: „Es verdient einen einzigen Namen, aber 'Zeus' ist nur teilweise zutreffend; es hat einige von Zeus' traditionellen Charakteristika, andere aber nicht."

29 Cf. Herakleitos B67 = M45; dazu anschließend Genaues.

30 Cf. Herakleitos B67, B84a, B88, B90 = M45, M70, M67, M63. Zum Flußcharakter, dem berühmten »alles fließt« (*pánta 'reĩ*), Herakleitos B12, B49a, B91 = M93, M95, M96. Es ist zu betonen, daß die Wasser des Werdestromes zwar ständig andere sind, der Fluß als identischer in einem verharrenden Flußbett aber stets derselbe bleibt, cf. insbesondere

stimmen insofern alle Gegensätze in ihm und als er übereinstimmen, bilden im Auseinandertreten die schönste Harmonie:[31] „Aus allem Eins und aus Einem alles."[32] Dabei kann es sich nur um die nicht-offenbare (geistig-übersinnliche) Harmonie (*'armoníē aphanḗs*) handeln, die besser und höherstehend (*kreíttōn*) ist

(♈2) als die offenbare, sichtbare, phänomenale (*phanerḗs*) (des sinnlichen Alls),[33] in die sie übergeht und als welche sie manifest wird.

⟨♈4/3⟩ Für den Gott ist alles schön und gut und gerecht (im christlichen Mittelalter würde man solches unter der Rubrik »Transzendentien« oder »Transzendentalien« verzeichnen),[34]

(♈2/1) während die (Alltags-)Menschen und unter diesen

Fragment B88 = M67, wo Gegensätzliches als dasselbe (*tautó*) und ineinander umschlagend (*metapesónta*) charakterisiert wird.

31 Cf. Herakleitos B8 = M47.

32 Herakleitos B10 = M46: *ek pántōn 'én kaì ex 'enòs pánta*. Cf. idem B51 = M49.

33 Cf. Herakleitos B54 = M48; H. Fränkel, Dichtung und Philosophie des frühen Griechentums, p. 430: „Mit der »verborgenen« ist gewiß die tiefere Harmonie gemeint, in der sich die Prinzipien von Zwieklang und Einklang selbst einhellig zusammenfinden. Damit hat die Gegensatzlehre ihre dritte, und höchste Stufe erreicht." Das kann nur heißen, daß die nächste Lehrstufe über die Gegensätze hinausgeht, so daß sich als vierte und abschließende Stufe der BewußtSeins-Treppe die Lehre vom Einen, Absoluten, dem absoluten Geist, eben die Gegensatzlosigkeitslehre, die Lehre von der Ne–utralität, der Keines-von-beiden-heit, anschließt, die das Harmonische übersteigt, da dieses nur bei Mehrheitlichem und Unterschiedlichem gelten kann, gleichzeitig aber mit ihm zusammengeschlossen bleibt (vgl. den Abschluß meiner Heraklit-Erschließung zum Ourobóros), indem beide im Modus der Überlappung ineinander Übergehen, cf. o.c., p. 452.

34 Cf. Herakleitos B102 = M103.

wohl auch die geistlosen Vielwisser[35] dies als ungerecht, das aber als gerecht (die Gegensätze also als getrennt und unabhängig voneinander) angenommen haben.[36] Deswegen sind die Meinungen der Vielen Tand,[37] werden die Menschen, dem Erkennen des Phänomenalen/Erscheinungshaften/Augenscheinlichen zugewandt, irregeführt (*exapátēntai ʻoi ánthrōpoi pròs tēn gnõsin tõn phanerõn*),[38] hat ihre Geistesart im Gegensatz zur göttlichen keine Erkenntnis[39] und dem Göttlichen mißtrauend keine Erkenntnis von Diesem,[40]

(ϒ'2) obwohl die Psyche

---

[35] Cf. Herakleitos B40 = M16: „Vielwisserei lehrt nicht, Geist zu haben;" (*polumathíē nóon échein ou didáskei·*). Cf. Herakleitos B129 = M18.

[36] Cf. Herakleitos B102 = M103. Das bedeutet, daß die Träumer, wie die Logosvergessenen von Heraklit genannt werden, das Fließen und Werden von allem um sein Komplement der Beständigkeit, des Stillstehens und Bleibens brachten und es so vereinseitigten und dysharmonisierten. Solches wurde verstärkt aus dem bei Aristoteles, Metaphysica 1010ª9–15, überlieferten Ausspruch des Heraklit-Anhängers Kratylos (5. Jh. v. Chr.) herausgelesen, daß wir nicht nur nicht zweimal in denselben Fluß steigen könnten, sondern nicht einmal e i n m a l. Dieser Spruch war jedoch sicherlich nicht im strukturellen (synoptischen), sondern im dialektischen (aporetischen) Sinne gemeint, wonach man überhaupt nichts mehr behaupten kann, wenn man aus Relativem absolute Wahrheiten herauspressen will, cf. Platon, Kratylos 431e1–432a3. Das wußte Kratylos selbst, wie an der genannten Metaphysik-Stelle berichtet wird, sehr wohl, weshalb er nur noch Fingerzeichen gab (streng genommen hätte er auch das nicht mehr gedurft). Deshalb will ich diesen Topos nicht gegen die Lehre von Heraklit ausgespielt wissen.

[37] Cf. Herakleitos B70 = M9.

[38] Cf. Herakleitos B56 ≈ M12, Text nach M.

[39] Cf. Herakleitos B78 = M101.

[40] Cf. Herakleitos B86 = M30.

(ϒ'3/4) eigentlich einen so tiefen Logos (*'oútō bathùn lógon*) besitzt, daß, indem man sie auf jeglichem Weg durchmißt (*pãsan epiporeuómenos 'odón*), ihre Grenzen im Durchgehen (*peírata iȭn*) nicht ausfindig gemacht werden können,[41]

(ϒ1) und alle Menschen

(ϒ'3/4) daran teilhaben, sich selbst zu erkennen und sichere/klare/unbeeinträchtigte Geisteinsicht zu besitzen.[42]

(ϒ2) Demzufolge auch ist ihr Sinnen/Überlegen privat (*idían échontes phrónēsin*), abgesondert

(ϒ3) von der Universalität, der All-gemein-heit des Logos (*toũ lógou d' eóntos xunoũ*),[43] sowohl als eines tiefen als auch als eines weisheits- und einheitsenthüllenden.

Die BewußtSeins-Stratifikation des Ephesiers, die soeben entlang der erhaltenen und kollationierten Überreste aus seiner verlorengegangenen Schrift konjektural und überaus komprimiert rekonstruiert wurde (weshalb zum Verständnis ein mehrmaliges Lesen, geistiges Durchgehen und der Vergleich mit den Texten unerläßlich ist), einer Abhandlung, die evtl. keinen Titel trug, doch nachträglich ›Über das Gewordene/*Perì*

---

41 Cf. Herakleitos B45 = M97.

42 Herakleitos B116 = M33: *anthrõpoisi pãsi métesti ginõskein 'eōutoùs kaì sōphroneĩn*. Cf. B101 = M40; H. F. North, Sophrosyne, pp. 26-27, gibt zu verstehen, daß das *sōphroneĩn* in B116, B112 = M33, M109, nichts mit Selbstbeherrschung und Bescheidenheit zu tun hat: „es sollte vielmehr mit der Kontemplation der menschlichen Seele in Verbindung gebracht werden, die die Quelle des Verstehens ist", wodurch sich eine Affinität zwischen den drei Begriffen *sophía, lógos* und *sōphroneĩn* kundtue.

43 Cf. Herakleitos B2, B17, B34, B70, B72, B74, B87, B89, B97 = M3, M2, M4-10.

phúseōs‹ und auch noch anders genannt wurde,[44] und, wie angenommen werden darf, der Schichtung, und somit dem folgend explizierten Proportionalitätsschema der GeistWirklichkeit entsprechend, in drei Bücher unterteilt gewesen sein soll, welche an den in späteren Kapiteln noch vorzustellenden methodischen Aufbau der Philosophie von Pythagoras über Platon und Aristoteles bis zur Stoa erinnern, eines über das All (ϒ1), eines zum Politischen (ϒ2) und ein theologisches (ϒ3/4) (*perì toũ pantòs kaì politikòn kaì theologikón*)[45], kann anhand eines einzigen Fragments verifiziert werden:

(ϒ'1)	„Man muß,
(ϒ'3)	um mit dem allen Gemeinsamen gestärkt zu werden, mit Geist/Verstand
(ϒ'2)	reden,
(ϒ1)	wie eine Stadt
(ϒ2)	mit dem Gesetz –
(ϒ3)	und noch viel stärker. Denn alle menschlichen Gesetze werden von dem einen, göttlichen, unterhalten; dieses herrscht nämlich so weit es will und reicht für alle(s) aus,
(ϒ4)	geht sogar darüber hinaus."[46]

[44] Cf. A. M. Frenkian, Études de philosophie présocratique. Héraclite d'Éphèse, pp. 7–19.

[45] Cf. Diogenes Laërtios, De vitis dogmatis … 9.5.

[46] Herakleitos B114 = M110: *xùn nóōj légontas ischurízesthai chrḕ tōj xunōj pántōn, 'ókōsper nómōj pólis, kaì polù ischurotérōs. tréphontai gàr pántes 'oi anthrṓpeioi nómoi 'upò 'enòs toũ theiou· krateĩ gàr tosoũton 'okóson ethélei kaì exarkeĩ pãsi kaì perigínetai.* Die Form meiner Übertragung des ersten Satzteils wurde nach der Möglichkeit optimaler Skalierung gewählt; sprachlich elegante Lösung bei H. Fränkel, Wege und Formen frühgriechischen Denkens, p. 264[+2].

Ein moderner Interpret spricht diesbezüglich abweichend von der vierschichtigen reflexionsstrukturellen Graduierung von einem Denkschema mit drei Seins- und Erkenntnisstufen: „Vernunft ist nach Heraklit nicht eine Leistung des Individuums, sondern eine überpersönliche Macht; sie ist gemeinsam und universal (Fgt. 2 usf.). So bemerkt Heraklit zunächst, daß Staatswesen stark sind solange sie in Übereinstimmung mit ihrem verfassungsgemäßen Gesetz handeln (vgl. 44), und daß entsprechend der Geist des einzelnen stark ist wenn er sich nach dem allgemeinen Vernunftgesetz richtet. Aber dann wird, gleichsam nachträglich, eine neue Stufenfolge im Schema des geometrischen Mittels angefügt: *die einzelnen Bürger* : *das gemeinsame Gesetz ihrer Organisation zum Staat* = *alle einzelnen Staatsverfassungen* : *das Gesetz der Gesetze, das eine göttliche Gesetz*. Unsere Analysen haben ergeben, daß Heraklit oft das Denkschema des geometrischen Mittels angewandt hat, und daß dies methodische Prinzip mit seiner Aufstellung von drei Seins- und Erkenntnisstufen zusammenhängt, deren gegenseitige Beziehungen in der Formel klargestellt sind. Dieselbe Idee lag gleichmäßig vielen Textstellen zugrunde, aber die sprachliche Ausdrucksweise war wechselnd und mannigfaltig. ... Vielleicht lernte er von den Pythagoreern etwas über die harmonischen Kontraste innerhalb einer Tonfolge mit gleichen Intervallen (d.h. gleichem Verhältnis der Saitenlänge) und über entsprechende geometrische Reihen.“[47] „Die Denkform der mittleren Proportionale, von der Heraklit so ausgiebigen Gebrauch macht, hat er wohl von den Pythagoreern übernommen. Sie dient ihm als eine Art von Extrapolationsmethode. Das worauf Heraklits Denken letztlich zielt, liegt jenseits aller

[47] H. Fränkel, Wege und Formen frühgriechischen Denkens, pp. 264-265, auslegend das Fragment B114 = M110. Daß das Schema auch in der Elementenlehre Heraklits vorfindlich ist, wird in o.c., p. 273, ausgesprochen.

Worte; in Ausdrücken wie 'Gott' oder *Logos* läßt es sich nicht eigentlich erfassen; und menschliche Rede kann nicht mehr tun als dem Hörer helfen es selbst zu entdecken. Dafür ist die Denkform des Doppelkontrasts ein ideales Mittel."[48]

Die Dreigliederung der Heraklitischen Philosophie könnte diesen Punkt betreffend mit einem weisheitspraktischen Aspekt in Verbindung gebracht werden. Im Anschluß an eine oben erwähnte Feststellung aus der antiken Doxographie nimmt eine zeitgenössische Forscherin nun folgendes an. „Dass auch Heraklits Schrift eine Dreiteilung aufweist, ist somit sehr wahrscheinlich. Nach Diogenes Laertios jedenfalls gliederte sich sein Buch in drei λόγοι (διῄρεται δ' εἰς τρεῖς λόγους), und diese Dreiteilung wird nicht ganz aus der Luft gegriffen sein. Als Inhalt der drei Logoi nennt er das All, den Staat und die Gottheit (ὁ περὶ τοῦ πατὸς καὶ πολιτικὸς καὶ θεολογικός). Da diese Themen für Heraklit aber noch nicht getrennt sein konnten, muss eine ursprünglichere Gliederung – etwa nach Art eines orphischen Mysterienlogos – vermutet werden. … Damit aber spiegelt die heraklitische Schrift eine echte Mysterieneinweihung wider. Sie bereitet nicht nur durch eine Mysterien-πρόρρησις [Vorrede] auf die «Übergabe» des Hieros Logos vor, sondern stellt auch im ganzen eine Mysterieneinweihung dar, bestehend aus καθαρμός [Reinigung (Υ1)], παράδοσις [Übergabe (Υ2)] und ἐποπτεία [Schau (Υ3)]."[49]

Wenn dieselbe Forscherin in Verbindung mit der Dreistufung der Heraklitischen GeistWelt-Architektonik folgende Feststellung trifft: „Nur wer den Logos zum zweiten Mal gehört hat, ist offen für die Erfahrung, die mit dem Logos selbst nichts mehr zu tun hat. Ohne diese Erfahrung bleiben auch die

---

48 H. Fränkel, Dichtung und Philosophie des frühen Griechentums, p. 436.

49 C. Schefer, «Nur für Eingeweihte!» Heraklit und die Mysterien, pp. 71 … 73, meine Übersetzungen in eckigen Klammern.

Eingeweihten uneingeweiht (ἀξύνετοι). Heraklit setzt hier also die Vorstellung einer stufenweise bis zum Höhepunkt der Epoptie aufsteigenden kultischen Mysterieneinweihung voraus. Damit weist er bereits im ersten Satz seiner Schrift über das rein Sagbare hinaus auf etwas Unsagbares (ἄρρητον). Er relativiert den λόγος im Hinblick auf ein ἄλογον – ein unsagbares πάθος, in welchem der Logos gipfelt und zugleich aufgehoben ist und von dem her der Logos erst wirklich verstanden werden kann. Das aber heisst: Die Philosophie als solche kann nicht das letzte Wort haben."[50], wird zwar auf das Unsagbare und die Unsagbarkeit als Endpunkt aufmerksam gemacht, doch bleibt der nach Mysterienterminologie Heilige Logos (*'ieròs lógos*) in seiner Eigenschaft als über dem Allerweltslogos befindlicher, diesen begründender, das Urwort und den Urverstand repräsentierender, unterbelichtet oder gar unbeachtet, während die onto-gnoseologische Hierarchie, die ja bis zum Absoluten und Weisen reicht, dabei verzerrt bzw. verkürzt wird. Man sollte den Schritt vom überlogoshaften Pathos zur überlogoshaften Apathie wohl als über die Mysterien hinausgehende philosophische Errungenschaft ansehen.

Daß diese vierte Ebene zu berücksichtigen ist, stellt nicht nur eine fixe Idee von mir dar, sondern wurde in der Forschung auch schon geäußert oder zumindest angedeutet. Das Heraklitische GeistWelt-Gebäude ist um eine quasi-vierte Etage nach oben aufzustocken, indem das Absolute in die für die menschliche Vernunft wie den göttlichen Lógos unzugängliche Region des Unaussprechlichen und des Un(er)faßbaren über der geistigen Schau (*epopteía*), die ja selbst schon jenseits der Sagbarkeit angesiedelt ist, erhoben wird.

„Es ist jedoch eine weitere Abstufung in dem Schema enthalten. … der Term A (das Absolute) stellt das dar, was der

---

[50] C. Schefer, «Nur für Eingeweihte!» Heraklit und die Mysterien, p. 60.

Menschheit unbekannt war, von niemandem vorgestellt, nicht angemessen verehrt oder gehuldigt, bis Herakleitos sein wirkliches Wesen entdeckte und seine Heilsbotschaft verkündigte. Gott oder die wahre Wirklichkeit sind ein etwas jenseits des Horizonts nicht-erfahrener Erfahrung, empfindungsloser Empfindungen, unwirklicher Verwirklichungen und unweiser Weisheiten; etwas jenseits der Fähigkeit menschlichen Vorstellens und Beschreibens. Das Schema des geometrischen Mittels wird auf diese Weise ein Kunstgriff, das Unausdrückbare auszudrücken und das Unerklärliche zu erklären. Die Gleichung [sc. $A/B=B/C$ $\{\widehat{=}(\Upsilon 3)/(\Upsilon 2)=(\Upsilon 2)/(\Upsilon 1)\}$] sollte unter diesem Aspekt umgeschrieben werden, mit einem x, statt einem A: $x/B=B/C$ $\{\widehat{=}(\Upsilon 4)/(\Upsilon 2)=(\Upsilon 2)/(\Upsilon 1)\}$. Was ist Gott? Gott ist das, verglichen mit dem der perfekteste Mensch wie ein Kind oder ein häßlicher und lächerlicher Affe erscheint. Was ist die göttliche Geistesklarheit und die Einsicht einer erleuchteten Seele, die in einem klaren, ungetrübten Feuerschein leuchtet? Es ist ein Zustand im Vergleich zu dem das gewöhnliche Bewußtsein wie Schlaf ist und nüchternes Denken wie die Dumpfheit eines Betrunkenen, der nicht weiß, wohin er geht, indem seine Seele feucht ist.“[51]

Wie an den Einfügungen skalierter Υ-Symbole in die Gleichung der erweiterten Proportionalität von H. Fränkel, den ich als zeitgenössischen Wissenschaftler ob seiner Bedeutung für meine Argumentation im Haupttext dieses Faszikels ausnahmsweise namentlich nenne, abzulesen ist, hat sich diese in Richtung x, also Absolutes verschoben, in die Sphäre, „jenseits des Horizonts nicht-erfahrener Erfahrung, empfindungsloser

[51] H. Fränkel, A Thought Pattern in Heraclitus, p. 318; meine erläuternde Einfügungen in eckigen und geschweiften Klammern; cf. idem, Wege und Formen frühgriechischen Denkens, p. 262. In dieser Studie, die, voneinander abweichend, in englischer und deutscher Sprache vorliegt, cf. o.c., pp. 253–283, wird das Denkmuster des geometrischen Mittels entlang der Fragmente ausführlich dokumentiert und diskutiert.

Empfindungen, unwirklicher Verwirklichungen und unweiser Weisheiten“.

Was sollte das Unerforschliche, Unerreichbare denn anderes sein, denn das Absolute, nicht einmal »Zeus« zu Nennende (Anonyme), das als Eines und Einziges (*‘èn tò sophòn mou͂non*)[52] gegen nichts und niemand Krieg (*pólemos*) führen, für das ganze Geschehen (*ginómena pánta*), verursacht aus Zwist und Verschuldung (*kat’ érin kaì chreṑn*) folglich nicht verantwortlich,[53] kein Verschiedenes (*diaphérontai/diapherómenon*) oder Widerstreitendes (*antíxoun*), und als solches auch nicht deren Harmonie (*‘armonía*), nicht einmal deren unoffenbare (*aphanès*), sein,[54] denn dazu braucht man mindestens zwei, sondern nur eine Eigenschaft haben kann, nämlich die, keine zu haben, weder Tag noch Nacht, nicht Winter, nicht Sommer, Krieg und Frieden nicht, noch auch Sattheit und Hunger,[55] d.h. nicht einmal, im Unterschied zu den Menschen, die alles in Gegensätze, z.B. »ungerecht« und »gerecht«, einteilen, alles positiv: schön, gut und gerecht zu finden,[56] vielmehr eben unaufspürbar und unzugänglich/aporetisch (*anexereúnēton eòn kaì áporon*), von allem abgesondert (*pántōn kechōrisménon*) und unter der Bedingung ahnungsvollen Erwartens und Vertrauens (*élpētai*) dennoch auffindbar, zu entdecken und zu erwerben (*exeurḗsei*) zu sein (ϒ4)?

„Wieviele Darlegungen ich [auch] zu hören bekommen habe, niemand gelangt dahin zu erkennen, daß das Weise/Reingeistige ein gegenüber allem Absolutes [ein von allem

---

[52] Cf. Herakleitos B32 = M44.

[53] Cf. Herakleitos B53 = M50; B80 ≈ M51 (nach B).

[54] Cf. Herakleitos B72 ≈ M4, B51, B8, B10 = M49, M47, M46.

[55] Cf. Herakleitos B67 = M55.

[56] Cf. Herakleitos B102 = M103.

Abgesondertes/Getrenntes] ist."[57] Das erst ist die Maximalkategorie der Heraklitischen Philosophie aus der Objektperspektive. Als Textbasis für die komplementäre Subjektperspektive, dem (Nicht-)Zustand jenseits begriffsverhafteter Vorstellung, in dem das Weisheitsstreben Erfüllung durch eine transrationale, hyperlogische Unmittelbarkeit geistigen Gewahrens findet, ist folgendes, nicht minder deutliche Fragment heranzuziehen: „Wenn das Unvermeinbare/Unvorstellbare/Unverhoffte/Unvermutete nicht erwartet/erahnt wird, wird es nicht erlangt/angetroffen/aufgefunden, indem es unerforschlich/unausdenkbar und aporetisch/unzugänglich/undurchdringlich ist."[58]

Ein Sekundärwissenschaftlicher Kommentar dazu: „Er verabscheut Mystizismus und Ekstase (Fgt. 14; 15), ebenso wie er niedrigen Rausch verachtet, und doch verkündet er eine Botschaft die eine beinahe übermenschliche Anstrengung des Geistes erfordert, um den Zustand der Erleuchtung zu erreichen ... Ein Ungeheuerliches wird von dem gefordert, der sich einen Einblick in das Wesen der Dinge erobern will (18): Wer nicht das Nie zu Hoffende erhofft, der wird nicht finden, was unaufspürbar ist und unzugänglich."[59]

---

[57] Herakleitos B108 = M43: *'okósōn lógous ḗkousa, oudeìs aphikneĩtai es toũto, 'ṓste ginṓskein 'óti sophón esti pántōn kechōrisménon.* Meine stilistische Ergänzung und Übersetzungsvariante in eckigen Klammern.

[58] Herakleitos B18 = M28 (Text bzw. Zeichensetzung nach M): *eàn mḕ élpētai anélpiston, ouk exeurḗsei, anexereúnēton eòn kaì áporon.* Mögliche Übersetzungsvariante des ersten Halbsatzes: „Wenn man in das Unvermeinbare/Unvorstellbare kein Vertrauen hat/setzt, ..." Meine Übersetzung operiert bewußt mit dezidiert philosophischen Bedeutungsnuancen der griechischen Begriffe. Zur transzendental durchdachten „Aporie" hinsichtlich des Absoluten bei Plotinos im Faszikel II/5, Kap. 6.2. In diesen Kontext hinein könnte m. E. auch Herakleitos B93 = M26, gedeutet werden.

[59] H. Fränkel, Wege und Formen frühgriechischen Denkens, p. 263 ... idem, Dichtung und Philosophie des frühen Griechentums, pp. 436-437 (Zusammenziehung von zwei Stellen zum Fragment B18/28, von mir

In der oben wiedergegebenen und mit Symbolnotation versehenen Verhältnisgleichung wurde jedoch nicht nur der Faktor A zu x vertieft, durch besagte Operation ging dieser gewissermaßen verloren (missing link) und wir müssen ihn nun ergänzen, um eine versteckte Disproportionalität zu vermeiden. Und womit? Mit Gott, der den Namen »Zeus« trägt, dem benannten Gott also, dem Lógos als dessen Geist, Leben und Artikulation (subjektiver Geistaspekt), dem lenkenden Feuer und Blitz (objektiver Geistaspekt), dem, was der Bereich „nicht-erfahrener Erfahrung, empfindungsloser Empfindungen, unwirklicher Verwirklichungen und unweiser Weisheiten" ausmacht, Bestimmungen im Stile eines Zusammenfalls von Gegensätzlichem (bekannt als *coincidentia oppositorum*), die bessere, nicht-offenbare (suprasensuelle) (*'armoníē aphanḕs phanerē̃s kreíttōn*), aus ineinander umschlagenden Gegensätzen bestehende (*palíntropos 'armoníē*) Harmonie des Dissonanten (*ek tō̃n diapherόntōn kallístēn 'armonían*),[60] der All-Einheit[61] (non-missing link): Sowohl–Als-auch (Υ3). Demnach müßte die Proportionale erweitert werden und dann folgendermaßen lauten: (Υ4)/(Υ3)=(Υ3)/(Υ2)=(Υ2)/(Υ1). Einfügungen von Skalenwerten in die von H. Fränkel gegebene Erläuterung des Fragments B114 = M110 zum Vergleich von Staatsverfassung und menschlichem Verstand (s. o.) wären im Bewußtsein meiner strukturtheoretischen Stufung durchzuführen. Nicht drei, sondern vier Prinzipien, und wenn man es peinlich genau nimmt, ein zusätzliches Subprinzip, welches für die Darlegungen nachfolgender Faszikel zu merken ist, charakterisieren also die Philosophie des Ephesiers: Setzung (Υ1) – Gegensetzung

---

durch drei Auslassungspunkte voneinander abgesetzt). Mystizismus meint hier die Mysterien und die Einweihung in diese.

60 Cf. Herakleitos B72 ≊ M4; B51, B8, B10 = M49, M47, M46.

61 Cf. Herakleitos B10 = M46.

(ϒ2) – erscheinungsartige Harmonie/sichtbarer Kosmos (ϒ1/2 oder ϒ2½) – nicht-offenbare Harmonie/Totalität (ϒ3) – Singularität/Absolutheit (ϒ4).

Und analog könnte man den zitierten Gelehrten auch im folgenden verstehen: „Die Duftsalben, sagt Heraklit, benennt man (ϒ2) nach dem besonderen Parfüm (ϒ1), und ignoriert das Öl, das ihnen als neutrale Basis zu Grunde liegt (ϒ4), und ihnen ihre Kraft und Wirkung (ϒ3) verleiht. Ebenso erlebt man und benennt man (ϒ2) die auffälligen Einzelphänomene (ϒ1), und vergißt über ihnen Gott (ϒ4), der unablässig die Widersprüche des Daseins (ϒ2/1) anlegt und ablegt (ϒ3), und dabei immer neutral und unspezifisch bleibt (ϒ4). In den gegensätzlichen Individuationen (ϒ2/1) in die Gott eingeht (ϒ3), ist Er (ϒ4) die eigentliche Substanz und Kraft (ϒ3); alles andere, alles was das rastlose Getriebe von Welt und Leben ausmacht, hat nur den Rang von flüchtigen Beigaben; aber auch diese Beisätze (ϒ2/1) sind Gott (ϒ4), und nur von ihm haben sie die Macht (ϒ3), je etwas Besonderes und Verschiedenes zu sein und ihre besonderen und verschiedenen Werke zu tun (ϒ2/1). ... Es gibt also nach Heraklit einen reinen Geist (»das allein Weise«), der in gewissem Sinne mit Zeus identifiziert werden darf, und dieser Intellekt hat eine eigene Existenz (ϒ4/3) jenseits von Natur und Welt (ϒ2/1). Dies ist genau die Antwort, die wir gemäß der Stufenlehre Heraklits erwarten durften.“[62]

Eine typische Invektive gegen diese und damit teilweise auch meine Interpretation, möchte ich, da sie ebenso meine Daoismus-Rekonstruktion im Faszikel II/7 betrifft, dem geneigten Leser nicht vorenthalten. Textlich unbelegt, verrät sie einen modern-historistischen, krypto-metaphysischen Fortschrittsglauben, der sich auf die Pseudo-Kritik eines Philosophie-Dichters beruft. „Nichtsdestoweniger ist wenigstens eines

---

[62] H. Fränkel, Dichtung und Philosophie des frühen Griechentums, pp. 442–443; von mir nicht als Triade, sondern als Tetrade skaliert.

klar: Heraklit war kein Metaphysiker in dem Sinne, wie Fränkel ihn verstand, einer zu sein (und das wird wiederholt in der neuen Ausgabe von Vorländers 'Geschichte der Philosophie'). Es gibt noch keine Transzendenz in die jenseitige Welt, es gibt noch keinen 'transzendentalen Anspruch'."[63] Im leicht veränderten deutschen Druck des Artikels fehlt der Verweis auf Fränkel und ist ersetzt durch: „Heraklit war kein Metaphysiker im platonisch-aristotelischen Sinne des Wortes. Wenn so etwas wie ‚Metaphysik' bei Heraklit zu finden sein sollte, dann eine solche im ursprünglichen Sinne des Wortes ‚meta': eine *‚Meta-physik'* *inmitten* der ‚Physik' (bzw. inmitten des Physischen). Bei Heraklit ist noch kein ‚transcendental pretence'. Bei Heraklit ist noch keine metaphysische Kluft zwischen einer Welt und einer ‚Hinter-Welt' im Nietzscheschen Sinne."[64]

Es müßte kommentarlos einleuchten, daß ich mich vor dem Hintergrund meiner Ausführungen in ›Widerspiegelung des Geistes I‹ zum Absoluten auf die Einbildung einer damit einhergehenden „Hinterwelt" nicht weiter einlasse.[65] Mit seinem genus maximum, dem Ab-soluten (*kechōrisménon*), weist Heraklit einerseits nämlich sehr wohl auf ein dem Gegenständlichen, Weltlichen Enthobenes, ein Transzendentes, wenn auch nicht in transzendentaler Hinsicht. Andrerseits stellt die Setzung eines von allem (Gegenständlichen, d.h. Gewußten) Abgetrennten, Unvermeinbaren/Unvorstellbaren/Unverhofften/Unvermuteten (*anélpiston*), eines nicht-zählbaren Einen, sprich Keinen, in den meisten Fällen, und auch hier, keine Entgegensetzung zum Immanenten dar, die vom Verdinglichenden unterstellte Hinterwelt, weil es kein Ding, kein Etwas jenseits der

---

[63] G. Wohlfart, Wordless Teaching – Giving signs. Laozi and Heraclitus – A Comparative Study, p. 284

[64] G. Wohlfart, Der Philosophische Daoismus, p. 166.

[65] Cf. H. P. Sturm, Die vier Stadien des Ent-Setzens, pp. 289-291.

Welt oder des Seins setzt, was und wo sollte das denn sein? – das ist ja auch bei Platon nicht der Fall (dazu Genaues im Faszikel II/4) –, sondern die Realität nur in einer ganz spezifischen Weise ent-setzt. Insofern ist dieses Prinzip im Kategoriengefüge des vermeintlichen Dunkel-Ephesiers, wie in allen sonstigen categorial oder gar cognitional frameworks nicht einmal als »link« zu betrachten, weshalb ich es ironisch einmal »non missing non-link« heiße.

„Die Natur liebt sich zu verbergen, sagt uns Heraklit, was uns namentlich zu bedeuten scheint, daß sich das Absolute weder im Akt seiner Manifestation erschöpfen noch hundertprozentig mit dem zusammenfallen kann, was manifest ist, wie Hegel behaupten wird. Mit anderen Worten, und man findet nicht nur bei Heraklit, sondern genauso gut bei Platon oder in der orthodoxen Theologie ein Äquivalent dieser orientalischen Problematik: es gibt eine Seinstranszendenz im Verhältnis zur Totalität des Seienden oder des Manifesten.“[66]

Unter Einbeziehung des Geltungsbereichs der Pseudo-, i. e. Unvernunft scheinbaren Erkennens (*tȅn gnȏsin*) (Υ2), des Schein- oder Erscheinungshaften, Augenscheinlichen, d. h. Sinnfälligen (*tȏn phanerȏn*) (Υ1), dem zugewandt (*pròs*) die Menschen (*ʻoi ánthrōpoi*) total irregeführt, getäuscht und betrogen werden (*exapátēntai*),[67] gelangen wir zum typischen Fall eines von der vorurteilsbehafteten philosophiewissenschaftlichen Doxographie häufig übersehenen oder unterschlagenen, an die indische Māyā-Lehre und die Parmenideische Doktrin

---

[66] G. Vallin, Lumière du Non-dualisme, p. 72, mit Bezug auf Herakleitos B123 = M27.

[67] Cf. Herakleitos B56 ≊ M12, Text nach M: „Denn gänzlich irregeführt/getäuscht/betrogen/überlistet werden die Menschen beim Erkennen von Phänomenalem/Erscheinungs-/Scheinhaftem/Augenscheinlichem/Sinnfälligem …“ (*exapátēntai ʻoi ánthrōpoi pròs tȅn gnȏsin tȏn phanerȏn* …).

von der Weltausbreitung als Schein und bloße Namen erinnernden kosmologischen Illusionismus. „Herakleitos besteht auf der Einheit und Kontinuität des einen wahren Seins genauso nachdrücklich wie Parmenides; und von diesem Blickpunkt aus sind die Geschichten der Philosophie irreführend, wenn sie die beiden Systeme in einen polaren Antagonismus versetzen. Aus der Einheit des Wirklichen folgt die unvermeidliche Verurteilung des Vielen zu relativer Unwirklichkeit oder 'Scheinbarem'."[68]

Dazu ist eine Feststellung aus der Interpretationsliteratur, wieder handelt es sich um ein Forschungsresultat Hermann Fränkels, zum folgend präsentierten und diskutierten Fragment anzuführen, mit Hilfe deren zugleich zu diesem übergeleitet werden soll: „Das ὀνομάζεται des Textes hat offenbar den Nebensinn, daß die Dinge in Wirklichkeit nicht das sind was der Name bezeichnet. ὄνομα hat die Bedeutung 'bloßer Name' bei Parmenides 8. 38."[69] Der derartige Phantomismus, ich präge einmal diesen prägnanten, der Erläuterung nicht bedürftigen Terminus, beruht nicht nur auf individueller Insuffizienz des Wahrnehmungsvermögens – „Denn Wahrnehmen bedeutet noch nicht Gewahrwerden ..."[70] –, sondern auch und besonders auf der strukturellen Unzulänglichkeit, i. e. Bedingtheit und Begrenztheit der das Phänomenale (Dinghafte) intendierenden, durch dieses und dessen begriffliche Repräsentanten gebundene Vernunfterkenntnis (*tēn gnōsin tōn phanerōn*).[71]

---

[68] F. M. Cornford, From Religion to Philosophy, p. 186.

[69] H. Fränkel, Wege und Formen frühgriechischen Denkens, p. 244², zu Fragment B67 = M45.

[70] Cf. H. Fränkel, Dichtung und Philosophie des frühen Griechentums, p. 424.

[71] Cf. H. Fränkel, Dichtung und Philosophie des frühen Griechentums, pp. 423-425; idem, Wege und Formen frühgriechischen Denkens, p. 269.

Aufgrund dieses Pseudo-, dieses Schein-Charakters des Erscheinungshaften sprach ich oben nur mit Einschränkung von einer Konjunktion von Absolutem und Relativem und einer Modifikationstheorie à la Sāṃkhya-Vedānta. Durch die Öffnung des harmonikalen Schemas nach oben und unten ergibt sich m. E. erst ein kompletter geiststruktureller Aufriß. Ergänzt man die anschließend zitierte Parallelanordnung der Heraklitischen und Platonischen Ebenen von Sein und Erkenntnis um die sensual-korporal-materiale Ebene (ϒ1), dann tritt die Viergradigkeit der ersteren voll zutage:

(ϒ4)	„^{a}H Das erkennbare Absolute	=	Agathon oder die Idee des Agathon
(ϒ3)	^{b}H Das Informationsäquivalent (‚Bildnis') des Absoluten im Geist auf der Alètheia-Ebene, der das Absolute erkennt, wie es wirklich ist	=	die Erkenntnisinhalte im Geist von Platon's Philosophen
(ϒ2/1)	^{c}H Das unvollkommen kohärente, subjektiv verzerrte und zerstreute Bild des Absoluten im Geist auf der Doxa-Ebene	=	die Erkenntnisinhalte des Geistes der ignoranten Masse".[72]

Wie bei Parmenides ist es jedoch schwierig, den Geistbereich als solchen genau zu lokalisieren und in seiner internen Fächerung zu fixieren. Deshalb plädiere ich, auch aufgrund der Undeutlichkeit der Lehre bzw. Texte, für eine Interpretation ineinander übergehender, doch in ihrem Kernbereich unterscheidbarer Etappen. Die Erkenntnis von der tetradischen

[72] M. G. J. Beets, The Coherence of Reality, p. 75; die hochgestellten Kleinbuchstaben repräsentieren die jeweilige Ebene, H steht für Heraklit; tabellarische Gestaltung nahe am Original; meine Skalierung; rechte Spalte bezieht sich auf Platon. O. c., p. 76, findet sich eine Tabelle, in der die Kantsche und Platonische Stufung nebeneinandergestellt sind.

Hierarchie Heraklits läßt sich, wie das analog für die beiden ältesten Upaniṣad-s oben bereits durchgeführt wurde, anhand einer einzigen Textstelle, eines einzigen Fragments, stützen, das soeben schon innerhalb eines Zitats aus der Sekundärliteratur anklang:

(Υ4) „Gott ist
(Υ2/1) Tag-Nacht, Winter-Sommer, Krieg-Frieden, Sattheit-Hunger (alle Gegensätze, das ist der Sinn),
(Υ3) verändert/wandelt
(Υ4) er sich doch wie ⟨Öl⟩, das,
(Υ1) wenn mit Duft-/Aromastoffen vermischt, nach dem Wohlgeruch jedes einzelnen
(Υ2) benannt wird.“[73]

Es mutet einen geradezu unheimlich an, dies in einer Interpretation zur altgriechischen Literatur parallel zu Lehren früher

---

[73] Herakleitos B67 = M45: *‘o theòs ‘ēmérē euphrónē, cheimȭn théros, pólemos eirḗnē, kóros limós* (*tanantía ‘ápanta· ‘oũtos ‘o noũs*), *alloioũtai dè ‘ókōsper ⟨élaion⟩, ‘opótan summigẽ̄j thuṓmasin, onomázetai kath’ ‘ēdonḕn ‘ekástou*. Gott hier als Gottheit, d.h. als das Eine, das nicht die Bezeichnung »Zeus« trägt, verstanden. Füllung der Textlücke nicht nach den verwendeten Ausgaben, die »Feuer« (*pũr*) vorschlagen, sondern nach den sowohl philologisch, symboltheoretisch als auch metaphysisch einleuchtenden, Platonische Gegenstücke (evtl. Übernahmen aus Heraklit) heranziehenden Ausführungen von H. Fränkel, Wege und Formen frühgriechischen Denkens, pp. 237–250, mit »Öl« (*élaion/áleiphar/elaíēs pĩar*); *thúōma* ist dann mit Duft- oder Aromastoff zu übersetzen, was nicht nur innerhalb des normalen Bedeutungsfelds des Wortes liegt, das Räucherwerk, Weihrauch, Spezerei, Gewürz, also allerlei duftende oder aromatische Substanzen umfaßt, sondern von genanntem Altphilologen und Philosophie-Historiographen zudem an frühgriechischen Texten semasiologisch verifiziert wird. Übersetzung nach idem, Dichtung und Philosophie des frühen Griechentums, p. 442: „Gott ist Tag Nacht, Winter Sommer, Krieg Frieden, Sattheit Hunger. Er wechselt seine Eigenschaften (?), ebenso wie (Öl), wenn es mit Duftstoffen gemischt wird, nach dem jeweiligen Geruch benannt wird.“

Upaniṣad-s ausgeführt zu finden. Derselbe Forscher, der glaubte, bei Herakleitos das Denkmuster des geometrischen Mittels erkennen zu können und auf diesem Wege seine damit einhergehende durchgängige trigrade WahrWirklich-Stufung entdeckte, die sich als implizite Viergradskala erwies, macht in geradezu avantgardistischer Manier interkulturell-komparativer Philosophiewissenschaftlichkeit auch auf die Gleichartigkeit der Heraklitischen und upaniṣadischen Manifestationsmomente des Ureinen aufmerksam, wobei ich gemäß seiner Entdeckung der Dreistufigkeit von Heraklits Schema und dem Ansatz der Strukturtheorie der Re-flexion, die sich hier mit der von Nicolaus Cusanus (1401-1464) unter Berufung auf Pseudo-Dionysios Areopagita (5./6. Jh.) getroffenen Unterscheidung zwischen Koinzidenz und Opposition der Opposita trifft,[74] den Zusammenfall der Gegensätze (Υ3) und deren Zusammenfallen im Insichsein anumerischer Einheit und Abgetrenntheit (Υ4) in ihrem Sinn auseinandergehalten wissen will, eine Differenzierung, die der zitierte Gelehrte mit seinem Extrapolationsargument selbst suggeriert und die im nondualistischen Uttara-Mīmāṃsā (Advaita-Vedānta) in der Unterscheidung zwischen dem eigenschaftslosen Absoluten (*nirguṇa-brahman*) und dem eigenschaftstragenden Schöpfergott (*saguṇa-brahman*) akribisch festgehalten wird.

„Heraklit sagt, daß die speziellen Namen (Υ2) die den einzelnen Erscheinungen (ἕκαστον) (Υ1) beigelegt werden (ὀνομάζεται), irreführend seien: in Wirklichkeit sei es Gott allein, der sich, trotz seiner unwandelbaren Identität mit sich selbst (Υ4), in allen Gegensatzpaaren (Υ2/1) offenbart (Υ3). ... Und die Inder stimmen völlig mit Heraklit überein, wenn sie als die principia individuationis nāman (Υ2) und rūpa (Υ1) ansetzen, den individuellen Namen und die individuelle Gestalt. ... In

[74] Cf. H. P. Sturm, Urteilsenthaltung oder Weisheitsliebe zwischen Welterklärung und Lebenskunst, pp. 175-177.

dem Heraklitfragment entspricht ὀνομάζεται dem nāman (Υ2), und ἡδονὴ ἑκάστου dem individuellen rūpa (Υ1). ... Die Gegensätze (Υ2/1) bewirken durch ihre Verschiedenheit und ihren Widerstreit Mannigfaltigkeit, Bewegung und unaufhörlichen Wechsel, auch da wo scheinbar Ruhe und Dauer besteht. Aber zugleich jocht das Prinzip der coincidentia oppositorum die kämpfenden Partner in einer gegnerischen Harmonie zusammen. Das bedeutet jedoch nicht, daß sich die Gegensätze neutralisieren, sodaß das Ergebnis Null wäre. Nach Heraklit ist das Ergebnis in jedem einzelnen Falle positiv: vor Gott geht das Unrecht in Recht mit auf, und das Ergebnis ist Recht schlechthin (Fgt. 102) (Υ3). Und ferner, wenn sich in Gott (Υ4) alle Gegensätze (Υ2/1) treffen und nicht nur mit ihren eigenen Partnern zusammenfallen sondern ebensowohl mit allen anderen Paaren, so ist das Ergebnis ebenso, wie das Fragment zeigt, positiv (Υ3).“[75]

Dieser Positivität entspricht, will man solch hyperbolische Setzungen, solche Ultra-Positionen überhaupt »Positionen« nennen, das Parmenideische BewußtSein, zu dessen Gunsten sowohl die Meinung vom Sein in Relation zum Nichts oder relativen Sein als auch vom absoluten Nichtsein aufzugeben ist.

---

[75] H. Fränkel, Wege und Formen frühgriechischen Denkens, pp. 244–245 ... 248–249, zum Fragment B67 = M45, unter Heranziehung der von mir bereits erläuterten Stelle Bṛhadāraṇyaka-Upaniṣad 1.4.7. Um den Gedankengang nicht unnötig auseinanderzureißen, füge ich meine Skalierung in runden Klammern ohne Paragraphierung ein. Es ist bemerkenswert, daß M. L. West, Early Greek Philosophy and the Orient, p. 134[+1], im Kontext seiner Interpretation dieses Fragments zwar auf H. Fränkels Vorschlag weist, indem er bekennt, zwischen Diels' und dessen Lösung unschlüssig zu sein, doch zu dem Vergleich mit dem Vedānta, den letzterer durchführt, kein Wort verliert, wo er sonst doch keine Gelegenheit ausläßt, Zusammenhänge mit dem Orient herauszustellen; m.E. liegt das an der Orientierung der doxographischen Forschung West's, die die frühe griechische Philosophie naturalistisch liest, ihre (Geist-)Metaphysik, auf die Fränkel abzielt, der Grund dafür ist nicht schwer zu erraten, aber unberücksichtigt läßt.

Vedāntische Parallelen gibt es zuhauf und mit derselben Problematik befrachtet: mitunter nur mit Mühe zwischen dem Absolutheits- und dessen Manifestationsprinzip unterscheiden zu können. Daran wird ersichtlich, daß beide Entwürfe eine holistisch-kontinuierliche Wahrheits-, Wirklichkeits- und Werteskala vom Minimal- bis zum Maximalgrad sind, unabhängig davon, als wie real oder irreal das Reale (Welthafte) jeweils angenommen wird, und wie ihre Stetigkeit bestimmt ist, ob durch Umwandlung der drei Heraklitischen (Feuer, Wasser, Erde) oder Mischung der zwei Parmenideischen Urqualitäten (Feuer, Nacht),[76] die weit davon entfernt sind, ausschließlich stoffliche Elemente zu sein. Demgemäß ist das Physische der philosophischen Anfänge immer auch und vornehmlich Meta-Physisches. „Wie die meisten anderen φυσικοί [Physiker/Physiologen] war er [Heraklit] kein eigentlicher Naturwissenschaftler, obwohl sie alle gern jede Naturerscheinung heranzogen die ihnen zur Bestätigung ihres Systems dienen konnte."[77]

In Kategorien des Vedānta ausgedrückt, stellt das Problem des Realitäts- bzw. Irrealitätscharakters von Weltwirklichkeit den Unterschied zwischen der Doktrin des *sat-kārya-vāda,* der

---

[76] H. Fränkel, Wege und Formen frühgriechischen Denkens, p. 273², weist die Behauptung von O. Gigon aus dem Jahre 1935 zurück, Heraklit habe vier Elemente gekannt; schon K. Reinhardt, Parmenides und die Geschichte der griechischen Philosophie, pp. 223-224, ging unter Heranziehung von Herakleitos B126 = M65, von vier Elementen aus: Kälte – Wärme, Feuchte – Dürre. In diese Diskussion, wie die vier Eigenschaften nämlich als Elemente gelten können, will ich mich nicht einmischen, auch wenn sie nicht bedeutungslos zu sein scheint. In diese Auseinandersetzung miteinzubeziehen wäre die Frage, in welcher Hinsicht die beiden Parmenideischen Elementarzustände als stoffliche Elemente verstanden werden können und in welcher nicht.

[77] H. Fränkel, Wege und Formen frühgriechischen Denkens, p. 274², meine Übersetzung des griechischen Wortes und erläuternde Ergänzung in eckigen Klammern; cf. o.c., pp. 275, 237; idem, A Thought Pattern in Heraclitus, pp. 329-330.

Lehre, daß die Wirkung (*kārya*) bereits vor der Verursachung in unmanifestierter, potentieller Form in der Ursache seiend (*sat*) und damit immer real ist, und des *sat-kāraṇa-vāda,* der Doktrin, daß nur die Ur-sache (*kāraṇa*) seiend (*sat*) ist, die Wirkungen aber irreal sind, dar. Ohne ihm in der Verortung der Prinzipien völlig gleich zu sein, kommt dem soeben vor- und ausgelegten Fragment das folgende am nächsten. Nach der bis hierher entfalteten Strukturlogik des Weltbaus unseres Ephesiers müßte die oberste Kategorie allerdings um einen Rang abgesenkt oder eine Überlappung des höchsten und des zweithöchsten zugelassen werden.

(ϒ3) „Wechselweiser Austausch
(ϒ2/1) des Alls zu
(ϒ4) Feuer und des Feuers zum
(ϒ2/1) All,
(ϒ2/1) wie von Waren zu
(ϒ4) Gold und von Gold zu
(ϒ2/1) Waren.“[78]

Noch einmal für diejenigen, die ’s besser wissen wollen: selbstverständlich bin ich mir im Klaren darüber, das Feuer (ϒ3) weiter oben auf dem Skalenrang (ϒ4) verortet zu haben. Sie sollten mittlerweile aber begriffen haben, daß bei Herakleitos wie bei vielen späteren Denkern, sogar bei Platon und solchen anderer Weltregionen oder Kulturen, das Ur- oder Un-Prinzip (ϒ4) vom Geist-Prinzip als dessen Elementar- und Organisationsmedium (»Feuer«, »Blitz«, »Gesetz«) (ϒ3) oft gar nicht oder nicht deutlich unterschieden ist (ϒ4/3). Damit geht einher, daß dessen funktionaler Aspekt (»Umwandlung«, »wechselseitiger

---

[78] Herakleitos B90 = M63: *purós te antamoibḕ tà pánta kaì pũr ‘apántōn ‘ókōsper chrusoũ chrḗmata kaì chrēmátōn chrusós.*

Austausch«, »Lebendigkeit«),[79] der implizit folglich auch funktionaler Aspekt des Grund-Prinzips sein muß, meist übersehen, übergangen oder immanentisiert, d.h. auf einem zu tiefen Rang der Kategorienhierarchie loziert wird. Dieser Sachverhalt tritt um so klarer zutage, je mehr der Grenzbegriff der Denkmöglichkeit per se, gefaßt im »Absoluten«, »Sein an sich«, »Urgeist«, in der »Weisheit«, »Gottheit«, der unbedingten »Substantialität« (»Öl«, »Gold«), dem schlechterdings »Einen« etc. als Ding unter Dingen vorgestellt, also verdinglicht wird. Er wird uns in den Bänden der ›Widerspiegelung des Geistes‹ immer wieder begegnen und durchgehend eine strukturtheoretische Erklärung finden.

Faßte man den vierstufigen Gesamtbauplan der Heraklitischen GeistKosmos-Architektur konjektural und sehr frei, wahrhaft sehr frei spekulierend einmal als Allheit und bezöge diese nochmals reflektiert auf das damit gemeinte, be-deutete oder denotierte, via das gedachte und ausgesprochene »Eine« (*'én*), »Weise« (*sophón*), »Absolute/Entleerte« (*kechōrisménon*), »niemals Untergehende« (*tò mè dũnón pote*) und »Allesüberragende« (*exarkeĩ pãsi kaì perigínetai*), durch Denkverzicht a-logisch realisierbare, reale Ein-Welt-Gebäude, so stünde uns das All-Eins-Sein (*'én pánta eĩnai*)[80] in einer außerordentlichen, maximal reflektierten Form vor Augen, welchem Gebilde ich den Zahlenrang (Y5) zuordne (siehe meine Bemerkungen in den Gestaltungsrichtlinien im Faszikel II/1). Dieserart unterschiede es sich vom Geist-Prinzip als solchen (ϒ3), das eine zum Verwechseln ähnliche Struktur aufweist, und von allen möglichen Alleinheitsvorstellungen immanenter (‚pantheistischer') Natur. Das Bild vom gemeinsamen Anfang und Ende

---

[79] Nicht Schöpfung oder Entstehen! Die (wahre) Ordnung (*kósmos*) ist weder von Göttern erschaffen noch von Menschen geschaffen, sondern ewig lebendiges Feuer, cf. Herakleitos B30 = M62.

[80] Cf. Herakleitos B50 = M41.

beim Kreisumfang könnte in genau diesem Sinne gezeichnet sein.[81] Mit diesem riefe Heraklit Assoziationen an das Ursymbol der Ent–Setzung überhaupt, den Ourobóros, wach. Vergleichbares aber gilt für Parmenides' philosophische Dichtung, die dieser ja selbst einen Mythos nennt,[82] nach welchem es ihm nämlich gleich ist, von wo aus er anfängt (*xunón dé moí estin, ʻoppóthen árxōmai*), werde er dorthin doch wieder zurückkommen (*tóthi gàr pálin ʻíxomai aũthis*).[83]

Nach diesem Stufengang durch die Stockwerke des Geist-Welt-Gebäudes von Heraklit muß die Frage erlaubt sein, ob die seit dem Altertum eingebürgerte Gewohnheit, ihn als den Dunklen, Düsteren (*ʻo skoteinós*)[84] zu bezeichnen, eine Benennung oder eher eine Verkennung darstellt. „... jedenfalls sind die Begriffe des dunklen Heraklit alle völlig klar und lassen sich sehr leicht bestimmen."[85] Ganz meine Meinung! „Heraklit ist wirklich großartig. Wäre er in Indien oder sonstwo in Asien geboren worden, wäre er als ein Buddha bekannt geworden. Aber in der griechischen Geschichte, in der griechischen Philosophie, war er ein Fremder, ein Außenseiter. Für die Griechen war er kein Erleuchteter, sondern Heraklit der Obskure, Heraklit der Dunkle, Heraklit der Rätselhafte. Und Aristoteles, der Vater der griechischen Philosophie und des westlichen Denkens, hielt ihn überhaupt nicht für einen Philosophen.

---

81 Cf. Herakleitos B103 = M56: „Denn beim [auf dem] Kreisumfang sind/fallen Anfang und Ende zusammen." (*xunòn gàr archẽ kaì péras epì kúklou periphereías.*)

82 Stellenverzeichnis im Indexband, ⟨edd.⟩ H. Diels / W. Kranz, Fragmente der Vorsokratiker, 3.288s.35, 38.

83 Cf. Parmenides B5 = M5.

84 Cf. ⟨edd.⟩ H. Diels / W. Kranz, Die Fragmente der Vorsokratiker, 3.395d, Wortindex, s.v. σκοτεινός.

85 K. v. Fritz, Die Rolle des ΝΟΥΣ, p. 303.

Aristoteles sagte: »Im besten Fall ist er ein Dichter« – aber selbst dieses Zugeständnis fiel ihm nicht leicht. So sagte er später in anderen Werken: »Heraklit muß irgendeinen Charakterfehler gehabt haben, irgendeinen biologischen Schaden; darum redet er auf so dunkle Weise, in lauter Paradoxen.«"[86]

[86] B. S. Rajneesh (Osho), Die verborgene Harmonie, p. 27, cf. o.c., pp. 30–31; Rajneesh zitiert hier frei aus den Lebensbeschreibungen einiger antiker Doxographen, cf. Herakleitos A1–3b, und gibt die dort vorfindlichen Einschätzungen von Aristoteles wieder.

4 Die Pythagorik/Orphik, eine Stimme im eleatisch-herakliteisch-vedāntischen Chor?

Zum Schluß dieses methodisch, systematisch wie philosophiegeschichtlich grundlegenden Teilbandes muß ich nun noch anhand eines Beispiels einlösen, was in textlich unbelegten Feststellungen schon mehrmals anklang, daß die pythagoreisch-philosophische Spekulation nicht nur auf einer Linie mit der von Parmenides und Heraklit, sondern auch auf einer Linie mit zentralen Gedankengängen aus dem Morgenland liegt. Ich sehe mich aufgefordert, dies nicht nur anhand irgendwelchen Lehrgehaltes zu leisten, sondern mit Hilfe einer pythagoreischen Argumentation, die im Mittelpunkt dieser Monographie hier steht: einer Spekulation, die die geistig repräsentierte Realität in vier Struktureinheiten auslegt.

Zum Vergleichspunkt wähle ich den frühen indischen Vedānta. Zu betrachten ist dabei ein Fragment, das bei dem neuplatonisch orientierten Exzerptensammler Ioannes aus Stobai/ Makedonien (5. Jh.) überliefert ist. Es wird, wie das bei Eingeweihten in Mysterienkulte und Vergeistigungstechniken aller Zeiten und Weltgegenden zur Steigerung der Verbindlichkeit und Heiligkeit von Lehrinhalten so üblich war, einer Autoritätsfigur der Vergangenheit, hier dem Altpythagoreer Archytas von Tarent/Italien (5./4. Jh.), zugeschrieben. „...der Pythagoreismus ist eine Mysterienreligion. ... Parallelen zu dieser mystischen Grundeinstellung finden wir zwar nicht in der offiziellen babylonischen Religion, wohl aber in den anderen Mysterienreligionen, die sich gleichzeitig mit dem Pythagoreismus überall verbreiteten: dem Orphismus, dem Buddhismus, dem Mithraskult. Älter als diese (vielleicht mit Ausnahme des

Mithrasdienstes) ist aber das iranische Erlösungsmysterium."[1]

Vedāntischen Lehren analog, ist in besagtem Bruchstück von zwei (einteilenden) Prinzipien des Seienden die Rede (*dúo archàs eĩmen tõn óntōn*). Das eine Prinzip enthält die Klasse des Geordneten, Bestimmten/Begrenzten (*tetagménōn kaì 'oristõn*) (Υ2), das andere die Klasse des Ungeordneten und Unbestimmten (*atáktōn kaì aorístōn*) (Υ1). Das aussprechbare/definierte und logoshafte/begriffliche Prinzip (*'rētàn kaì lógon*) umfaßt nun das Seiende ohne Ausnahme (*tà eónta 'omoíōs*), bestimmt/begrenzt das Unseiende (*tà mẽ eónta*), ordnet es an, macht dieses immer, wenn es sich dem Werdenden annähert, vernunftgemäß und wohlproportioniert (*eulógōs kaì eurúthmōs*) und verleiht ihm Anteil am Wesen und der Idee/Form des Universalen (*kaì tõj kathólō ōsías te kaì idéas metadidómen*), während das logos-/begrifflose und unaussprechliche/undefinierte (*álogon kaì árrēton*) Prinzip das Geordnete zerstört (*lumaínesthai*), das an Entstehung und Sein Partizipierende auflöst (*tà es génesin dè kaì ōsían paraginómena dialúen*) und es sich angleicht. Wie aber die Dinge zweier gattungsmäßig entgegengesetzter Prinzipien (*katà génos antidieireómenai*) teilhaftig werden, des Gutartigen und des Boshaften, so gibt es notgedrungen auch zwei Vernunftarten (*dúo lógōs*), eine von gutartiger Natur (*tãs agathopoiõ phúsios*) und eine von boshafter (*tãs kakopoiõ*).[2]

---

1 B. L. van der Waerden, Das Große Jahr und die ewige Wiederkehr, pp. 154–155.

2 Cf. I. Stobaios, Eclogae 1.35.2 (712/80–81), ⟨ed.⟩ A. Meineke, 1.194.6–21: *Anágka kaì dúo archàs eĩmen tõn óntōn, mían mèn tàn sustoichían échoisan tõn tetagménōn kaì 'oristõn, 'etéran dè tàn sustoichían échoisan tõn atáktōn kaì aorístōn. kaì tàn mèn 'rētàn kaì lógon échoisan kaì tà eónta 'omoíōs sunéchen kaì tà mẽ eónta 'orízen kaì suntássen· platiázoisan gàr aeì toĩs ginoménois eulógōs kaì eurúthmōs anágen taũta kaì tõj kathólō ōsías te kaì idéas metadidómen· tàn d' álogon kaì árrēton kaì tà suntetagména lumaínesthai kaì tà es génesin dè kaì ōsían paraginómena*

Da beide Archaí, Form/Gestalt (*morphṓ* / skr. *nāma*) als Ursache des Vorliegenden/Substanzhaften (*aitía tō̃ tóde ti eĩmen*) und Substanz, Materie, Stoff (*ōsía, estṓ, 'úlē* / skr. *rūpa*) als formaufnehmendes Substrat (*ōsía tò 'upokeímenon paradechómenon tàn morphṓ*),[3] nicht ohne ein Drittes kommunizieren können, bedarf es eines weiteren Prinzips, eines Bewegenden (*tò kineómenon*) (Ϋ3), das erstere (Ϋ2/1) in Beziehung setzt, indem es die an sich formlose Substanz (*'a estṑ ámorphós enti*) zu den Formen bewegt (*poth' 'àn kinéetai 'upò tō̃ kinéontos 'a estṓ*) und diese qua Zahlen (*arithmō̃n*) die im Bewegenden enthaltenen sich selbst widerstreitenden Kräfte (*tò kineómenon enantías 'eautō̃j dunámias ischei*) und in der Substanz der Dinge existierenden Gegensätze harmonisiert und vereinheitlicht (*'à kaì sunarmósai kaì 'enō̃sai tàn enantiótata dunaseĩtai en tãj estoĩ tō̃n pragmátōn pottàn morphṓ*). „Es sind also drei Prinzipien nötig:

(Ϋ1) die Substanz (*estṑ*) der Dinge,
(Ϋ2) die Form (*morphṑ*) und
(Ϋ3) das, was aus sich (selbst) zu bewegen vermag (*tò ex 'autō̃ kinatikòn*) und der Kraft/Leistungsfähigkeit nach Erste (*prãton tãj dunámi*) ist. Dieses darf aber nicht nur Geist (*nóon*),
(Ϋ4) sondern muß etwas Höher(stehend)es als Geist sein (*nóō ti krésson*); was aber über dem Geist steht, gerade das

dialúen· platiázoisan gàr aeì toĩs prágmasin exomoioũn autautãj. all' epeíper archaì dúo katà génos antidieireómenai tà prágmata tugchánonti, tō̃j tàn mèn eĩmen agathopoiòn tàn d' eĩmen kakopoioón, anágka kaì dúo lógōs eĩmen, tòn mèn 'éna tãs agathopoiō̃ phúsios tòn d''éna tãs kakopoiō̃.

[3] Cf. I. Stobaios, Eclogae 1.35.2 (712–714/81), ⟨ed.⟩ A. Meineke, 1.194.23-25: *kaì 'a mèn morphṓ enti 'a aitía tō̃ tóde ti eĩmen, 'a dè ōsía tò 'upokeímenon paradechómenon tàn morphṓ·*

nennen wir Gott (*theón*).“[4]

Dieses Textbruchstück wird von der neueren Forschung mit der Begründung als unecht verworfen, daß es sich bei dieser Prinzipienlehre wahrscheinlich um neupythagoreisch weitergedachtes und ausformuliertes Traditionsgut handle, das mit einigen Platonismen und Aristotelismen verquickt wurde. Dennoch dürfte kaum zu leugnen sein, daß in ihr, wie schon, was noch ausführlich demonstriert und dokumentiert werden wird, in der Alten Akademie und im Lykeion, und insofern auch von daher in die weiterentwickelte Pythagorik zurückkehrend, frühe Bestände und tiefe Schichten altpythagoreischer Tetraktys-Spekulation zum Tragen kommen, die mit der übrigen herabwürdigend so genannten Vorsokratik in einem bisher kaum beforschten und durchschauten gegenseitigen Beeinflussungszusammenhang stehen.

Die Formel ihrer Artikulation, nenne ich sie einmal Disjunktum von Unbegrenztem und Begrenztem/Begrenzendem, die von dem Pythagoreer Philolaos (5. Jh. v. Chr.) überliefert ist, um in abstraktester Weise das Sein in seinen (drei/vier) Prinzipien zu beschreiben, sollte unter Einfügung unterschiedlicher kategorialer Bestimmungen sowohl bei Platon als auch in der Stoa und Skepsis Geschichte machen. „Unvermeidlich sind alle Seienden entweder definit (ϒ2) oder indefinit (ϒ1), oder sowohl definit als auch indefinit (ϒ3); nur indefinit aber ⟨oder

4 Cf. I. Stobaios, Eclogae 1.35.2 (714–716/81), ⟨ed.⟩ A. Meineke, 1.194.25–195.23, wörtlich zitierter Text, 1.195.14–18: *‘ṓst’ anágka treĩs eĩmen tàs archás, tán te estṑ tō̃n pragmátōn kaì tàn morphṑ kaì tò ex ‘autō̃ kinatikòn kaì prãton tãj dunámi. tò dè toioũton ou nóon mónon eĩmen deĩ allà nóō ti krésson· nóō dè krésson entì ‘óper onomázomen theón.* Englische Übersetzung des gesamten Passus, die im Sinn von meiner partiellen, doch textgebundenen Übertragung an manchen Stellen abweicht, bei K. S. Guthrie, The Pythagorean Sourcebook and Library, pp. 178–179.

nur definit⟩ dürften sie nicht sein ⟨-ϒ4⟩.“[5]

Ein zeitgenössischer Interpret stellt den Orphismus und Pythagoreismus, ausgehend von einer Ur-Syzygie von Unbegrenztem (*ápeiron*) und Grenze (*péras*) (ϒ4), deren Paarung (ϒ3½), dem Entstehen einer Ureinheit (Ei) (ϒ3) und den daraus hervorgehenden harmonischen Polaritäten bzw. Gegensätzen (Idealtypus: Himmel und Erde) mitsamt verschiedener Benennungen und Abweichungen (ϒ2/1), als kosmogonische Prinzipienlehren dar, die die Entstehung organischen Lebens zum Vorbild und Muster genommen hätten.[6] Auf eine solche ‚Primitivierung‘ alten Denkens (die in diesem Falle in einem bemerkenswerten spekulativen Umgang mit den Traditionsbeständen der Mythico-Philosophie Griechenlands stattfindet) zu dem, was ich Physio-Mythologie nennen würde, wäre sie nur wert, eine Bezeichnung zu erhalten, werde ich in Zusammenhang mit ägyptischen Kosmogonien im nächsten Faszikel der ›Widerspiegelung‹ nochmals kurz zu sprechen kommen.

Die strukturierende Potenz des geistigen Grundgeschehens mit seinen vier Momenten ist in naturalistischen Weltentwürfen der philosophischen Frühzeit Griechenlands ebenso wirksam wie in eher idealistischen. Dies möchte ich, die entfaltete Thematik abschließend, noch beispiel- und umrißhaft an der

---

5 Philolaos, B2 = Pythagoras, ältere Pythagoreer, M26: *anágka tà eónta eĩmen pánta ȅ peraínonta ȅ ápeira ȅ peraínontá te kaì ápeira· ápeira dè mónon ⟨ȅ peraínonta mónon⟩ oú ka eiē̃.* Die in beiden Editionen vorgeschlagene und von C. A. Huffman, Philolaos of Croton, pp. 102–107, zurückgewiesene Textemendation könnte im Kontext der hier im Fokus stehenden Disjunktum-Formel vernachlässigt werden, ließe sich nicht die Sinneinheit des letzten Teilsatzes als Polemik gegen die (von einem Meinungsgegner vorgebrachte) Behauptung eines Überseienden, Indefiniten, Grenzenlosen oder Unendlichen auslegen und als negiertes, da zurückgewiesenes viertes Prinzip verstehen.

6 Cf. A. L. Pierris, Origin and Nature of Early Pythagorean Cosmogony, pp. 127-128, 135–139.

Spekulation von Empedokles aus Akragas/Agrigent auf Sizilien aufweisen, einem Mann, der als Wunderwirker, Seher, Heiliger, Unsterblicher und Gottgleicher in die Annalen der Philosophie einging und dort neben Pythagoras als einer derer bekannt ist, die eine Mittlerfunktion zwischen okzidentaler und orientalischer Weisheit eingenommen haben. Als dem Dunstkreis des Pythagoreismus Zuzurechnender dürfte er dessen Ansichten gekannt haben und mit der Orphik einigermaßen vertraut gewesen sein. Insofern könnten Anschauungen dieser kaum zu trennenden Mysterienbewegungen von ihm aufgenommen und wenigstens gliedernd in sein Elementarsystem eingeflochten worden sein. Entlang einiger Ausführungen im Faszikel II/3 (zum Orphismus) und II/5 (zum (Neu-)Pythagoreismus) wird dieser Themenkreis erweitert werden.

Empedokles geht in seiner Naturlehre von vier ewigen Elementen und zwei antagonistischen Grundkräften aus. Diese bringen und halten alle kosmischen Vorgänge so lange in Gang, bis eine von beiden die Alleinherrschaft übernommen hat und einen von zwei End- und Ruhezuständen des Alls her- und darstellt. Auf der positiven Seite ist dies die Kraft der Verbindung, die Liebe (Freundschaft), auf der negativen die Kraft der Trennung, die Zwietracht (Streit). Wie aus der Benennung schon ersichtlich ist, handelt es sich dabei um Kategorien polarer Gegensätzlichkeit.

(Υ4) Im ersten Extremfall durchdringen sich die vier immerseienden Wurzelelemente (*'rizōmata*) – Erde, Wasser, Feuer, Luft – derart innig, daß das All zum Einen, dem eigenschaftslosen Ball vereinheitlicht ist (*tà pánta 'èn gígnesthai kaì tòn Sphaĩron apoteleĩn ápoion 'uparchonta*), allenthalben sich selbst gleich, ganz und gar unendlich, kugelrund, still-/alleinstehend und freudvoll (*'ó ge pántothen ísos* ⟨*'eoĩ*⟩ *kaì pámpan apeírōn Sphaĩros kukloterès moníēj periēgéi gaíōn*). Dieses Urrund wird von

Empedokles nicht nur (maskulin) der Kugelige (*Sphaĩros*), nämlich Gott genannt (*'òn kaì theòn onomázei*), sondern sogar das Kugelige (*Sphaĩron ḗn*), was analog wohl das Göttliche in seiner ne–utralen, gegensatzlosen Weder-dies–Noch-das-Form (*oudetérōs*) bedeuten soll. „Im Sphairos waren einst alle Elemente in Liebe zusammengeschlossen im 'Einen Einzigen' (ἕν μόνον); dieses Eine Einzige war von kugelförmiger Gestalt – daher sein Name –, hatte darum keine Glieder und freute sich als seliger Gott seiner völligen Ruhe und All-ein-samkeit (μονίη). Daß diese Idealvorstellung von der Aufhebung aller Individuation wohl nicht ganz ohne Grund 'indisch' anmutet, sei nur am Rande vermerkt."[7]

(Υ2) Von menschlichem (*anthrṓpinon*) Lógos kann dieses Ganze (*'ólon/pãn*) nicht erfaßt werden,

(Υ3) wohl aber vom richtigen göttlichen, unaussprechlichen Lógos (*toũ dè orthoũ lógou tòn mén tina theĩon 'upárchein ... anéxoiston*),[8] dem heiligen, unsagbaren, den gesamten Kosmos mit unmittelbarer Einsicht durchdringenden Geist/Sinn (*phrḕn 'ierḕ kaì athésphatos ... phrontísi kósmon 'ápanta kataḯssousa thoẽisin*). Ist das womöglich der in den Mysterien zu vergöttlichende menschliche Geist, dessentwegen sich Empedokles selbst als unsterblicher Gott verstanden haben soll?

(Υ1) Im zweiten Extremfall sind die Elemente unter der Macht der Zwietracht in träge/statische (?) Massen separiert und verharren bis zum Zeitpunkt, an dem die Liebesenergie wieder Einfluß gewinnt und sie mit ihrem Wirbel (*dínē/stropháligx*) in Bewegung versetzt, um einen Impuls für die Wiederherstellung der rechten Mischung

---

7 F. Lämmli, Vom Chaos zum Kosmos, 1.45.

8 Empedokles, ad B2, ⟨edd.⟩ H. Diels / W. Kranz, 1.308.21-28.

zu geben, in bewegungsloser Starre.

(ϒ2) Im unteren Zwischenbereich befindet sich das oszillierende (zyklische), in Richtung Mischung oder Sonderung des Gemisches (*míxis te diállaxís te migéntōn*) verlaufende Stadium der vier anfang- und endlosen Elementarzustände (*stoicheĩa*), das fälschlicherweise mit den menschlichen Bezeichnungen Entstehen und Vergehen benannt würde. Geburt und Tod seien nicht wirklich; in Wirklichkeit handle es sich dabei nur um Vermengung und Entmengung. Topologisch-kosmologisch ausgedrückt, heißt diese Phase das All (*tà pánta*). Darin stellen sich Mischungskombinationen ein, die sich in ausgeprägten Gestaltungen (*eídesin ekmáktoisi*) manifestieren: Pflanzen, Tieren, Menschen und, gemerkt, auch
(ϒ2½) den Göttern (*kaí te theoùs*). Götter im Physiologismus?!

⟨ϒ3⟩ Um auf die Basalqualitäten überhaupt einwirken und das in gegenläufig ansteigenden und abfallenden Stärkegraden stattfindende Aufeinandertreffen und Widerstreiten der beiden Grundkräfte, der milde gesonnenen (*ēpióphrōn*) Liebe (*Philía*) und der verruchten (*oulómenon*) Zwietracht (*Neĩkos*), auslösen zu können, ist ein Impuls zum Umschwung erforderlich, der aus dem System selbst, also irgendwie von diesen Grundkräften kommen muß, ein Außerhalb von allem gibt es ja nicht, und als Übergang von den beiden Zu- und Stillständen an und für sich in die Phase dynamischer Umordnung zu verstehen ist. Es ist der und das Moment, in dem die nichtwirkende Gegenkraft zur momentan allein-wirksamen Macht wirksam wird und schließlich wirksam ist. Die funktionale Gesamtform der Gegenkräfte könnte der Wirbel (*dínē/stropháligx*) darstellen. Wie die zentrifugale, die Zwist-Phase des Wirbels, die Lockerung der Innigkeit des Einheitsglobus (Spaltung) herbeiführt, Urakt der Manifestation des Ganzen in die Partikularität, so

> bewirkt die zentripetale, die Eintrachts-Phase, die Zusammenfügung zur Gottheitskugel. In ‚idealistischen' Lehren übt die Aufgabe der Spaltung des Urprinzips in die Vielheit wie gleichermaßen die Verbindung des Getrennten in die Einheit der Geist aus. Wie dieser bilden die beiden Empedokleischen Grundkräfte eine Polarität. Insofern wäre dieses Momentum mit der Formel koinzidenter Opposita auszudrücken: »sowohl–als-auch«. Könnte der informationelle Aspekt des energetisch-materiellen Wirbels nicht der Empedokleische göttliche Geist (*theĩos lógos*) und heilige Sinn (*phrḕn ‘ierḗ*) sein?

Da in Empedokles' Kosmologie mehrere Stränge und Schichten von Prinzipien, in ihrer multidimensionalen Isomorphie komplexe Ordnungsmuster erzeugend, ineinander verflochten sind, erinnert sie sowohl an pythagoreisches Harmonie- als auch an indisches Ṛta- und Dharma- wie chinesisches Dào-Denken. Alles zusammen ist bis zu den Mythenbildungen in den ältesten Zeugnissen der Schriftkulturen zurückzuverfolgen. Die Grundkräfte des Empedokleischen Realitätsentwurfs wirken einerseits quasi von außen auf die Wurzelelemente ein, sind somit unabhängig von ihnen, verfließen aber mit deren Zustandsformen (ϒ4), (ϒ2) und (ϒ1), indem ihre Intensität auch deren Mischungsdichten verkörpern.

Die vier Wurzelsubstanzen fallen mit den vier Bereichen der Lebenswelt des Sonnen- bzw. Erdsystems und den vier stofflichen Aggregatszuständen zusammen: Erde (*gaĩa/chthṓn*) = Festes; Wasser, Meer (*‘údōr/póntos*) = Flüssiges; Feuer (*pũr*) = Licht-, Temperaturhaftes (Sonne, Blitz/Zeus, Mond, Sterne); untere Luftschicht (*ēéros*) und obere (Äther/*aithḗr*) = Gasförmiges/Atemartiges, Ausgedehntes/Räumliches, wobei sich die Außenschicht der Lufthohlkugel unter dem Einfluß des Feuers verfestige und kristallisiere und so den Himmel (*ouranós*), das Himmelsgewölbe, Firmament oder die Himmelsfeste (*págos*) bilde, an dem die Fixsterne wie an einer konkaven Schale befestigt seien. Quinta essentia? Die Form des Kosmos ähnle einem Ei (*ōjōj paraplēsiōs tòn kósmon*).[9]

Diese Tetrade erscheint wie eine perspektivische Projektion der vier Prinzipien, die wir als die Fundamentalprinzipien der Manifestation und Dissolution des Universums kennenlernten, und die gegenläufig gelesen wiederum Dispersions- und Konkretionsgrade der Urstoffe darstellen. Vergleichbaren Entwürfen mit mehreren kongruenten Hierarchien werden wir wie selbstverständlich bei Platon und in altindischen kosmogonisch-kosmologischen Spekulationen begegnen, ohne jedoch eine völlige Gleichheit in der Anordnung der Faktoren und ihrer Beziehungen zueinander vorzufinden.

Die Aufladung solch augenscheinlich naturphilosophischer Überlegungen mit (moralischen) Wert- und Normvorstellungen, die Charakterisierung der Unifikationsinstanz z. B. durch Liebe und des Dualisierungs- bzw. Pluralisierungsvermögens durch Zwietracht oder Haß stellt nicht, wie manch aufgeklärter Philosophiewissenschaftler meint, in erster Linie einen naiven

---

9 Mein verwegener Interpretationsvorschlag stellt eine paraphrasierende Rekonstruktion des Gesamtsinns anhand kombinierter Textstellen dar; die wiedergegebenen Passus und Termini sind in den Ausgaben der Fragmente unter Empedokles A und B, ⟨edd./trr.⟩ H. Diels / W. Kranz, 1.276–375 ≈ ⟨ed.⟩ J. Mansfeld, 2.56–155, zu verifizieren, indem sie über die einzelnen Begriffe im Indexband: ⟨edd./trr.⟩ H. Diels / W. Kranz, Fragmente der Vorsokratiker, Bd. 3, lokalisiert werden. Gleiches gilt für die Ausgabe des Straßburger Empedokles-Papyrus: A. Martin / O. Primavesi, L'Empédocle de Strasbourg, Index I: Les mots du texte. Die Vorstellung vom Kosmos in Eiform findet sich in Empedokles A50 = M55. Einen wesentlichen Impuls zum Verständnis des Empedokleischen Weltgebäudes verdanke ich P. Deussen, Allgemeine Geschichte der Philosophie, 2.1.110–120; die Deussensche Überbetonung seines naturalistischen Charakters führt zu einer m. E. unangebrachten Kritik, die von mir wegen der logischen Schwierigkeiten, die solch altes Spekulieren beeinträchtigt, noch vertieft und verschärft werden könnte, was aufgrund meiner Forschungsintention jedoch fehl am Platz wäre.

Anthropomorphismus oder Kategorienfehler dar, sondern offenbart, daß es sich hierbei nicht um Physikalismus, sondern um physiologisch ausgedrückte Geisttheorie handelt. „Die griechische Naturphilosophie ist also in ihrem Ursprung Naturreligion, die erste und einzige echte Naturreligion. Alle φυσικοί [Physiker] handeln stets zugleich vom Göttlichen. ... Der bewegende Gedanke der kosmischen Gerechtigkeit, der auch der Mensch als ein Glied des Kosmos unterworfen ist, bestimmt so die φυσιολογία [Physiologie] von Anfang an. Und kaum weniger eng gehört zu ihr, was aus schlichter Naturbeobachtung und wissenschaftlichem Denken noch weniger ableitbar ist: eine Lehre von der Seele, wonach diese dem Himmel verwandt ist und beim Tod in den Himmel zurückkehrt.“[10]

Dies gilt es in besonderem Maße auch bei den Aspekten der GeistWelt-Lehre von Parmenides und Herakleitos zu berücksichtigen, die seit der Antike und heute zumal gerne physikal(ist)isch erklärt werden. Demgegenüber dürften diese Pioniere des Denkens sowohl ihren ‚Hominismus‘ als auch ihren Naturalismus wenigstens geahnt und sich gerade deshalb in der Einlösung der Forderung nach Wahrheit an sich zurückgenommen oder selbst überstiegen haben. Darin stellen sie nicht nur Vorformen des und Vorbilder für den späteren hellenistischen Physiko-Logizismus unfehlbaren Urteilens und Wissens wie Physiko-Ethizismus völliger Apathie/Empfindungslosigkeit der Stoa dar,[11] sondern stehen auch entsprechenden indischen

---

[10] W. Burkert, Kleine Schriften, 2.219 (12. Iranisches bei Anaximandros), meine Übersetzungen in eckigen Klammern; ich will hier nicht diskutieren, inwiefern es problematisch ist, der siderischen Psycho-Religio vorzuwerfen, nicht aus „Naturbeobachtung“ oder „wissenschaftlichem Denken“ ableitbar zu sein. Inwiefern ist die innere (seelische) Natur nicht Natur? Läßt diese sich nicht beobachten? Sind Naturerscheinungen von/aus wissenschaftlichem Denken ableitbar?

[11] Einige ihrer logischen Ungereimtheiten werden diskutiert in H. P. Sturm, Urteilsenthaltung oder Weisheitsliebe zwischen Welterklärung

Weltvorstellungen, wie dem Sāṃkhya mit seiner Lehre von der Koppelung der Erkenntnisfähigkeit an gewisse Naturqualitäten und der letzthinnigen Befreiung davon durch Nicht-Identifikation, nahe.[12] „Die eifrige Suche der Vorsokratiker nach einem letzten «Stoff», aus dem alles entstanden ist, erinnert an die Suche der upanischadischen Seher nach dem Einen, «durch dessen Erkenntnis alles übrige erkannt wird». Dabei geht hier wie da Stoffliches fast unmerklich in Unstoffliches über, Vorletztes, wie der unendliche Raum oder die Energie, wird zum Symbol für Letztes, das nicht mehr aussagbar ist."[13]

Zum Abschluß dieser Thematik möchte ich noch die Kosmogonie eines Textes vorstellen, der vor einem guten halben Jahrhundert im Mygdonia-Distrikt Makedoniens unweit von Thessaloniki gefunden wurde.[14] Die dort entdeckten Papyri werden auf ein Alter von nahezu zweieinhalb Jahrtausenden geschätzt und wurden als „sensationeller Fund"[15] gefeiert. „Die wichtigste Entdeckung des vergangenen Jahrunderts für die griechische Philosophie läßt viele Probleme bestehen, hat aber ganz neue und unerwartete Horizonte des griechischen, und nicht nur des griechischen Geisteslebens in der archaischen

---

und Lebenskunst, pp. 64–75.

[12] Gemeinsamkeiten zwischen Lehre und Leben des Empedokles und indischen Pendants, auch des Jainismus, sind dokumentiert in den Passus, die unter T. McEvilley, The Shape of Ancient Thought, Index, pp. 709–710, s.v. Empedokles, verzeichnet sind.

[13] H. Torwesten, Vedanta, p. 197.

[14] Cf. K. Tsantsanoglou / T. Kouremenos, The Derveni Papyrus, Introduction I: The Find, pp. 1–19.

[15] Cf. W. Burkert, Kleine Schriften, 3.62 (5. Orpheus und die Vorsokratiker. Bemerkungen zum Derveni-Papyrus und zur pythagoreischen Zahlenlehre).

Epoche erschlossen.“[16] Inhaltlich kombiniert der Text das Nachdenken der vorsokratischen Physiologen, Eleaten und Herakliteer mit Spekulationen der Orphik und Pythagorik, die dem Mythos, und den Mysterien nahestehen. Er „führt auf der Spur der Dichtung des ‘Orpheus’ eine ‘vorsokratische’ Sicht der Welt durch.“[17]

Die darin vorkommende BewußtSeins-Hierarchie, auf die allein ich mich im folgenden konzentriere, ist geradezu idealtypisch. Eine anfänglich namenlose Ur-Sache, zugleich Ur-Geist (ϒ4), ist letztlich verantwortlich für das Entstehen und Vergehen des Kosmos. Eigentlich und ursprünglich namenlos, wird von ihr/ihm dennoch unter Verwendung von Elementarqualitäten berichtet, die wir analog sowohl in den Kosmogonien des Alten Orient als auch des frühen Indien und China vorfinden. Im Entstehungsprozeß einen ausdrücklichen Namen tragend, bringt sie/er zusammen mit der ewigen – in einem durch Feuer hervorgerufenen hitzebedingten Verschmelzungs- und/oder Aufwühlungszustand chaotischen Durcheinanders befindlichen – Urmaterie nach dem Ersinnen ihrer/seiner eigenen Macht (ϒ3) durch Namengebung (ϒ2) und Ausdifferenzierung der Dinge (ϒ1) den Kosmos hervor (ϒ2/1), in dessen Mittenbereich zwischen dem Supra-Solaren (Himmel?) darüber und dem Sub-Solaren (Erde?) darunter die [aus dem auf eine fixe Größe komprimierten Urfeuer gebildete?] Sonne (ϒ2½) ihren Ort zugewiesen bekommt.[18]

---

16 W. Burkert, Kleine Schriften, 3.111 (7. Die altorphische Theogonie nach dem Papyrus von Derveni).

17 W. Burkert, Kleine Schriften, 3.97 (7. Die altorphische Theogonie nach dem Papyrus von Derveni); cf. o.c., 3.62–88 (5. Orpheus und die Vorsokratiker. Bemerkungen zum Derveni-Papyrus und zur pythagoreischen Zahlenlehre).

18 Cf. T. Kouremenos, The Derveni Papyrus, Introduction V: The Derveni author’s cosmology, pp. 28–45; Commentary, pp. 143–272.

Ich skizziere anschließend die Prinzipienstruktur unter Angabe der jeweiligen Kolumne (col.) der Gedicht-Fragmente. Die unvollständige orphische Theogonie, die darin enthalten ist,[19] kann dabei unberücksichtigt bleiben. Erläuterungen der Symbolik mit Hinweisen auf Vergleichsgrößen aus der griechischen und nicht-griechischen Mytho-Metaphysik erübrigen sich, da so gut wie alle Faszikel der ›Widerspiegelung des Geistes II‹ davon handeln und wie in der Vorbemerkung dazu angemerkt, sonst ein Werk ungeheuerlichen Umfangs verfaßt werden müßte, wozu ich bereit und unter anderen Existenzbedingungen auch in der Lage wäre. Einen kleinen Vorgeschmack auf ved(ānt)ische Äquivalente im Faszikel II/6 gebe ich, indem ich bei der folgenden Skala für die erste Rubrik kategoriale Entsprechungen in Sanskrit hinzufüge. An oberster Stelle der Physio-Logie und Noo-Logie verbindenden Spekulation des ›Derveni-Papyrus‹ also

(Υ4) Geist (*Noũs / manas*) [coll. 14–16,] = Zeús / Prajāpati/Puruṣa/Brahman = der Einzigseiende (*mónon eónta / eka*) [col. 16] = Luft (*aḗr / vāyu/vāta*) [coll. 17–19, 23], die noch bevor sie benannt wurde (d.h. vor der Bildung des jetzigen Kosmos), seiend war (*próteron ễn prìn onomasthễnai ... ễn gàr kài prósthen / anāma ... sat*) [col. 17] = Atem/Windhauch (*pneũma / prāṇa*) [col. 18] = Fügung/Schicksal (*Moĩra / ṛta*) [coll. 18–19] = Ozean (*Ōkeanós / samudra/ambhas/ap/āpas/salila*) [col. 23]; noch vor der Benennung »Zeús« war sie, die Luft, immer und durchweg die Weisheit Gottes (*phrónēsis toũ theoũ aeí te kaì dià pantós / vijñāna/(pra-)jñāna*) [col. 18];

(Υ3_2) mit der Bildung des jetzigen Kosmos wird sie, die

[19] Cf. W. Burkert, Kleine Schriften, 3.95-111 (7. Die altorphische Theogonie nach dem Papyrus von Derveni).

Luft, (»Zeús«) benannt (*épeita ōnomásthē*) und auf diese Weise, wie man meinte, geboren (*genésthai dè enomísthē epeít' ōnomásthē Zeús*), als ob sie vorher nicht (seiend) gewesen wäre (*'ōspereì próteron mḕ eṑn*), und solange die gegenwärtig Seienden existieren, behält sie ihren Namen (*toũto autõi diateleĩ ónoma ón méchri eis …*) [col. 17];

(ϒ$\vec{3}$) sie ersinnt/er-mißt ("*emḗsato*") (für) sich selbst eine große Macht/Kraft (*autòs 'autõj* "*sthénos méga*") [col. 23; col. 15: *mētíeta Zeús*] und so wird aus ihr, in ihr bleibend (*genésthai toiaũta dià toũton kaì genómena pálin en toútōi*) [col. 17],

(ϒ3_1) zusammen mit den durch eine hitzebedingte Aufwühlung/Verschmelzung (*dià tḕn thálpsin*) aufgrund eines primordialen Feuers (*pũr*) in einem Verwirrungszustand gehaltenen (*tarássoi*) und an ihrer Zusammenfügung/Verdichtung gehinderten (*kōlúein tà ónta sunístasthai; … mḕ kōlúein tà ónta sumpagẽnai*), in indifferenter Durch(einander)mischung befangenen (*anamemeigménon*) [col. 9] ewig bestehenden Ur-Seienden (*tà ónta 'upẽrchen aeí*) [col. 16] der die

(ϒ2½) Sonne (*'ēlios*) [coll. 13–16] in der Mitte (*en mésōj*) [col. 15] habende

(ϒ2) Kósmos [col. 4]

(ϒ1) mittels Abwendung (*exallássei*) [col.9], Separierung (*diakrithẽnai*), Nachgeben (*eĩxen*), sprunghafter Bewegung (*ethórnuto*), Verbindung der Ur-Seienden miteinander (*michthéntōn allḗlois*), Zusammensetzung (*'ékasta sunestáthē pròs állēla*), Gleich-zu-gleich-Gruppierung (*méchri 'ékaston ẽlthen eis tò súnēthes; érmose*) [coll. 15, 21] zu den jetzt Seienden (*tà dè nũn eónta*) [col. 16]

(ϒ2) und Benennung von allem in gleicher Weise so gut es geht (*pánt oũn 'omoíōs ōnómasen 'ōs kállista ēdúnato*) [col. 22].[20]

„Es findet sich bei 'Orpheus' also sowohl eine Theogonie/ Kosmogonie im eigentlichen Sinn, mit Sexualakten und Konflikten zwischen den Göttern, als auch eine 'Schöpfung' im engeren Sinn, durch handwerkliches Herstellen oder auch durch geistigen Akt. Schon das babylonische Enuma Elish zeigt diese beiden Formen der Kosmogonie in der gleichen Abfolge, Göttergenerationen und Götterkampf zu Beginn, wunderbare Planung des Gottes Marduk im zeiten Teil. Für die Schöpferkraft des 'Denkens' haben wir die Parallele des Parmenides, wo es heißt, daß eine – ungenannte – Göttin »als ersten von allen sich den Eros erdachte« (μητίσατο *VS* 28 B 13). Es war verlockend, hier Stufen der Geistesgeschichte zu finden, wonach Schöpfung sich erst als handwerkliches Fabrizieren, dann aber als 'Denken' darstellt und gerade bei Parmenides der entscheidende Schritt vollzogen sei. Jetzt aber finden wir dieses 'Erdenken' (μήσατο) auch in der Derveni-Theogonie. Auch die ägyptischen Kosmogonien sprechen wiederholt vom 'Denken' des Gottes in seinen schöpferischen Akten; das schöpferische 'Denken' fehlt auch nicht in den Gathas des Zarathustra."[21]

Der Sachverhalt, daß ein, ja mehrere Viertel solcher frühen Schemata häufig nur implizit oder andeutungsweise mitgegeben sind und somit dem oberflächlichen Blick meist entgehen, dürfte wohl ein gewichtiger Grund für die große Zahl

---

[20] Text nach Derveni Papyrus, ⟨edd./trr.⟩ T. Kouremenos / G. M. Parássoglou, The Derveni Papyrus, pp. 62–113, alle Einfügungen in eckigen Klammern stammen von mir; ⟨trr.⟩ o.c., pp. 129–139; ⟨trr.⟩ A. Laks / G. W. Most, A Provisional Translation of the Derveni Papyrus; Interpretationsversuch: G. Betegh, The Derveni Papyrus, pp. 182–277.

[21] W. Burkert, Kleine Schriften, 3.108 (7. Die altorphische Theogonie nach dem Papyrus von Derveni), cf. o.c., 3.111; idem, Die Griechen und der Orient, pp. 103, 105; die Stellenangabe bezieht sich auf das Parmenides-Fragment B13 = M17.

ihrer Auslegungsvarianten und Weiterentwicklungen sein. Der weitaus problematischste Bereich ist dabei, wie nun vorskizziert, die Übergangszone von der Einheit in die Vielheit, vom Absoluten ins Relative, vom Unterschiedslosen ins Unterschiedene und umgekehrt. Dies möchte ich aufgrund meines re-flexionstheoretischen Ansatzes in historischer wie systematischer Hinsicht verstanden wissen, was heißt, daß ich in den voneinander abweichenden Entwürfen nicht nur, dem Erklärungs-Zug der geistigen Lemminge unseres Zeitalters folgend, mehr oder weniger phantasievolle soziokulturell bedingte Abwandlungen von einmal aufs Geratewohl dahingedachten Denkmustern sehe, sondern, gegen die Wanderung der philosophischen Lemminge anlaufend, Annäherungen an und Auslegungen von Gegebenheiten des Kognitionsgeschehens, wie sie in allem und jedem Phänomenalen mitpräsent sind.

Freilich ist in den bis hierher diskutierten Lehren keine Ableitung der Prinzipien und diskursive Begründung dieser erkennbar. Solche wurden zwar von Schülern und Konkurrenten dieser Richtungen schon begonnen (Eleaten, Sophisten), sind aber entweder verlorengegangen oder in der Tradition wie deren Erforschung vernachlässigt worden. Dies ist auf die sogenannte Vorsokratik ebenso wie auf den (frühen) Vedānta, anzuwenden. „Seit ich mich mit komparativer Philosophie befasse, habe ich den Verdacht, daß die meisten Vorsokratiker, allen voran Herakleitos (-540 bis -480), von vielen europäischen Philosophen nie als Philosophen anerkannt worden wären, wären sie nicht Hellenen gewesen. Anders als in den Lehrreden seines Zeitgenossen Buddha (-563 bis -483) wird in den überlieferten Fragmenten des Herakleitos überhaupt nicht argumentiert.“[22]

[22] E. Holenstein, Philosophie außerhalb Europas, p. 68, mit Hinweis auf die in der Forschung derzeit bevorzugte Spätdatierung Buddha's auf -450 bis -370; cf. o.c., pp. 68-71, unter Berufung auf G. Misch, Der

Für Sokrates, Platon und viele der folgend dargestellten Vertreter und Schulen westlicher Philosophie trifft dies nicht mehr zu und es ist zur Kenntnis zu nehmen, daß eine damit vergleichbare totale Dialektisierung in Indien erst um einiges später nachzuweisen ist.[23] Ob das einer falschen Datierung oder dem Verlust der Dokumente geschuldet ist, der Gewohnheit, in der frühen Zeit nicht zu schreiben und nur mündlich zu philosophieren oder ob die Inder tatsächlich erst beträchtlich später begannen, Wissensbehauptungen in dem Ausmaß wie die Griechen auch reflektorisch zu durchgehen, durchdringen und begründen – was entlang der Andeutungen zu den in Bhārata schon in der besagten Epoche auftretenden Wanderlehrern, Disputierern und Predigern in gewissen frühen Schriften verschiedenster Richtungen erst genauer zu betrachten wäre –,[24] hat die kommende indologische Forschung noch vor sich zu eruieren.

Dazu müßte zunächst aber das generelle historiographische Problem exakter Datierung subkontinentaler Kulturphänomene gelöst werden, was aufgrund der derzeitigen Dokumentenlage, der durch gewisse Eigeninteressen von Institutionen und Einzelpersonen bedingten Erschwerung, ja Verhinderung des Zugangs zu noch unveröffentlichten Dokumenten und der Unterdrückung ‚neuen' alten Wissens ganz allgemein utopisch ist. Im Lichte philosophie-systematischer Erwägungen erscheinen solche Überlegungen allerdings als unerheblich, da sie über den jetztzeitlich vorherrschenden Historio-Doxographismus weit hinaus sind, diesen ziemlich alt und im Fortgang der Veröffentlichung der kommenden Faszikel der ›Widerspiegelung des Geistes II‹ immer älter aussehen lassen werden.

Weg in die Philosophie.

23 Cf. T. McEvilley, The Shape of Ancient Thought, p. 426.

24 Cf. B. Barua, A History of Pre-Buddhistic Indian Philosophy.

Literatur

Albert, Karl: Philosophie der Philosophie, Sankt Augustin [1]1988 (enthält: Die ontologische Erfahrung, pp. 7-208; Mystik und Philosophie, pp. 209-428; Studien zur Philosophie der Philosophie, pp. 429-620)

Albert, Karl: Vom Kult zum Logos. Studien zur Philosophie der Religion, Hamburg 1982

(Pseudo-)Aristoteles: De Melisso Xenophane Gorgia (gr./engl.), in: ⟨tr.⟩ Hett, W. S.: Aristotle: Minor Works, London–Cambridge/MA 1963, 462-507

Aristoteles: Metaphysica, 2 Halbbde. (gr./dt.), ⟨ed.⟩ Seidl, Horst, ⟨tr.⟩ Bonitz, Hermann, Hamburg [3]1989 & [2]1984

von Arnim, Hans: Die europäische Philosophie des Altertums, in: ⟨ed.⟩ Hinneberg, Paul: Die Kultur der Gegenwart, Bd. 1.5: Allgemeine Geschichte der Philosophie, Leipzig–Berlin [2]1923 (2. Abdruck), 94-263

Aurobindo, Śrī: Birth Centenary Library, 30 Vols., Pondicherry/India 1970

Barua, Benimadhab: A History of Pre-Buddhistic Indian Philosophy, New Delhi et al. 1981 (3rd repr.; [1]1921)

Beets, M. G. J.: The Coherence of Reality. Experiments in philosophical interpretation. Heraclitus, Parmenides, Plato, Delft/NL 1986

Betegh, Gábor: The Derveni Papyrus. Cosmology, Theology and Interpretation, Cambridge 2006 (first printing 2004)

Bhagavad-Gītā. With Commentary of Śaṅkarācārya (Gītā-Text: skr./engl.; Commentary Text: engl.): ⟨ed./tr.⟩ Gambhīrānanda, Swāmī, Calcutta [1]1984

Bhattacharya, Kamaleswar: L'*ātman-brahman* dans le Bouddhisme ancien, Paris 1973

Brumbaugh, Robert S.: The Philosophers of Greece, Albany 1981 ([1]1964)

Buber, Martin: Werkausgabe, Bd. 2.3, Schriften zur chinesischen Philosophie und Literatur, ⟨ed./intro./com.⟩ Eber, Irene, Gütersloh 2013

Burkert, Walter: Die Griechen und der Orient. Von Homer bis zu den Magiern. Aus dem Italienischen ins Deutsche übertragen vom Verfasser, München 2003 (ital. Originalausg. Venedig [1]1999)

Burkert, Walter: Kleine Schriften, 8 Bde., ⟨edd.⟩ Riedweg, Christoph / Gemelli Marciano / Laura, M. / Graf, Fritz / Krummen, Eveline / Rösler, Wolfgang / Slezák, Thomas A. / Stanzel, Karl-Heinz, Göttingen 2001-2011

Capra, Fritjof: Der Kosmische Reigen. Physik und östliche Mystik – ein zeitgemäßes Weltbild, s.l. [2]1978 (deut. Erstausgabe Bern–München–Wien [1]1977; amerikan. Originalausgabe: The Tao of Physics, 1975)

Clemens Alexandrinus: ⟨ed.⟩ Stählin, Otto: Clemens Alexandrinus, 4 Bde., Leipzig 1905-1936 (Bde. 1, 3, 4), Berlin [4]1985 (Bd. 2)

Clemens Alexandrinus: ⟨tr.⟩ Stählin, Otto: Des Clemens von Alexandreia ausgewählte Schriften aus dem Griechischen übersetzt, 5 Bde., München 1934-1938

Conger, George P.: Did India Influence Early Greek Philosophies?, in: Philosophy East and West 2 (1952), Honolulu, 102-128

Coomaraswamy, Ananda K.: Ṛgveda 10.90.1 *áty atiṣṭhad daśāṅgulám,* in: Journal of the American Oriental Society 66 (1946), New Haven/CT, 145-161

Coomaraswamy, Ananda K.: Selected Papers 2: Metaphysics, ⟨ed.⟩ Lipsey, Roger, Princeton/NJ 1987 (1st. pbk. printing)

Coomaraswamy, Ananda K.: The Reinterpretation of Buddhism, in: New Indian Antiquary 2 (1939), Bombay, 575-590

Cornford, Francis Macdonald.: From Religion to Philosophy. A Study in the Origins of Western Speculation, Princeton/NJ–Oxford 1991 (repr. of London [1]1912)

Crystal, Ian M.: Self-Intellection and its Epistemological Origins in Ancient Greek Thought, Aldershot–Burlington/VT 2002

Dâs, Bhagavân: The Science of Peace. An Attempt at an Exposition of the First Principles of the Science of the Self, *Adhyâtma-Vidyâ,* London–Benares 1904

Deussen, Paul: Allgemeine Geschichte der Philosophie, 2 Bde. in 6

Abt., Leipzig 1894–1915

Deussen, Paul: Sechzig Upanishad's des Veda, Leipzig 1897

Diels, Hermann / Kranz, Walther ⟨edd./trr.⟩: Die Fragmente der Vorsokratiker (gr./dt.), 3 Bde., Zürich–Hildesheim [6]1972–1985

Diogenes Laërtios: De vitis dogmatis et apophthegmatis eorum qui in philosophia claruerunt (gr./engl.), ⟨ed./tr.⟩ Hicks, R. D.: Lives of Eminent Philosophers, 2 Vols., Cambridge/MA–London 1980 & 1979 (viele Nachdrucke)

Pseudo-Dionysios Areopagita: Über die himmlische Hierarchie. Über die kirchliche Hierarchie, ⟨tr.⟩ Heil, Günter, Stuttgart 1986

Dodds, E. R.: The Greeks and the Irrational, Berkeley/CA–Los Angeles/CA–London 1951

Domanski, Andrew: Eleatic Monism and Advaita Vedanta: Two Philosophies or One?, in: Phronimon 8 (2007), Pretoria, 39–55

Falk, Maryla: Nāma-Rūpa and Dharma-Rūpa. Origin and Aspects of an Ancient Indian Conception, Calcutta 1943

Fischer, Klaus: ›Oriental Connection‹ – Frühgriechische Wissenschaft und orientalische Traditionen, in: ⟨edd.⟩ Yousefi, Hamid Reza / Fischer, Klaus: Wege zur Philosophie. Grundlagen der Interkulturalität, Nordhausen 2006, 109–146

Fränkel, Hermann: A Thought Pattern in Heraclitus, in: American Journal of Philology 59 (1938), Baltimore/MD et al., 309–337; gekürzt ebenso in: ⟨ed.⟩ Mourelatos, Alexander P. D.: The Pre-Socratics. A Collection of Essays, Princeton/NJ 1993 (revised ed. of [1]1974), 214–228

Fränkel, Hermann: Dichtung und Philosophie des frühen Griechentums. Eine Geschichte der griechischen Epik, Lyrik und Prosa bis zur Mitte des fünften Jahrhunderts, München [3]1969 (durchgesehen; [1]1950)

Fränkel, Hermann: Wege und Formen frühgriechischen Denkens. Literarische und philosophiegeschichtliche Studien, ⟨ed.⟩ Tietze, Franz, München [3]1968 (durchgesehen; [1]1955)

Frenkian, Aram M.: Études de philosophie présocratique. Héraclite d'Éphèse, Cernauti 1933

Frenkian, Aram M.: Études de philosophie présocratique II, La philosophie comparée. – Empédocle d'Agrigente. – Parménide d' Élée, Paris 1937

von Fritz, Kurt: Der NOΥΣ des Anaxagoras, in: Archiv für Begriffsgeschichte 9 (1964), Bonn, 87-102

von Fritz, Kurt: Die Rolle des NOΥΣ, in: ⟨ed.⟩ Gadamer, Hans-Georg: Um die Begriffswelt der Vorsokratiker, Darmstadt 1968, 246-363

Gabriel, Leo: Einführung in indisches Denken, in: Frauwallner, Erich: Geschichte der indischen Philosophie, Bd. 1, Salzburg 1953, XI-XLIX

Gabriel, Leo: Vom Brahma zur Existenz. *Die Grundformen aller Erkenntnis und die Einheit der Philosophie,* Wien–München 1954

Gallop, David ⟨ed./tr.⟩: Parmenides of Elea: Fragments. A Text and Translation with an Introduction, Toronto–Buffalo–London 1984

Gambhīrānanda, Swāmī ⟨ed./tr.⟩: Eight Upaniṣads. With the Commentary of Śaṅkarācārya (Upaniṣad-Text: skr./engl.; Kommentar-Text engl.), 2 Vols., Calcutta 1989 (Vol. 1: 2nd rev. ed.; Vol. 2: 1st ed., 7th impr.)

Gangadean, Ashok K.: Between Worlds. The Emergence of Global Reason, New York et al. 1998

Gauḍapāda: Āgama-Śāstra (Gauḍapādīya-Kārikā) (skr./engl.), ⟨ed./tr⟩ Bhattacharya, Vidhushekhara, Delhi et al. [1]1989 (Reprint d. Ausg. [1]1943)

Gebser, Jean: Gesamtausgabe, 8 Bde. in 9 Tln., Schaffhausen 1975-1981

Gorgias Leontinus: Reden, Fragmente und Testimonien (gr./dt.), ⟨ed./tr.⟩ Buchheim, Thomas, Hamburg 1989

Guénon, René: Études sur l'hindouisme, Paris 1989 (nouvelle éd., [1]1966)

Guénon, René: Studies in Hinduism, ⟨tr.⟩ Kesarcodi Watson, Ian, New Delhi 2002

Guthrie, Kenneth Sylvan: The Pythagorean Sourcebook and Library. An Anthology of Ancient Writings Which Relate to Pythagoras and Pythagorean Philosophy, ⟨ed.⟩ Fideler, David R., Grand Rapids/MI 1987

Hadot, Pierre: Philosophie als Lebensform. Geistige Übungen in der Antike, Berlin 1991 (frz. Originalausg. [1]1981)

Heidegger, Martin: Einführung in die Metaphysik, Tübingen [4]1976 ([1]1953)

Heitsch, Ernst: Parmenides: Die Fragmente, München–Zürich [2]1991

Hölscher, Uvo: Anaximander und die Anfänge der Philosophie I + II, in: Hermes 81 (1953), Wiesbaden–Stuttgart, 257-277 & 385-418; ebenso in: ⟨ed.⟩ Gadamer, Hans-Georg: Um die Begriffswelt der Vorsokratiker, Darmstadt 1968, 95-176

Holenstein, Elmar: Philosophie außerhalb Europas, in: ⟨edd.⟩ Yousefi, Hamid Reza / Braun, Ina / Scheidgen, Hermann-Josef: ›Orthafte Ortlosigkeit der Philosophie‹ Eine interkulturelle Orientierung. Festschrift für Ram Adhar Mall zum 70. Geburtstag, Nordhausen 2007, 65-77

Huffman, Carl A.: Philolaus of Croton. Pythagorean and Presocratic. A Commentary on the Fragments and Testimonia with Interpretive Essays, Cambridge/MA et al. 2006 ([1]1993)

Izutsu, Toshihiko: The Absolute and the Perfect Man in Taoism, in: ⟨ed.⟩ Portmann, Adolf: Polarität des Lebens, Eranos-Jahrbuch 35 (1967), Zürich 1968, 379-441

Jacob, G. A.: Upaniṣadvākyakośaḥ. A Concordance to the Principal Upaniṣads and Bhagavadgītā, Delhi et al. 1985 (repr. of [1]1891)

Jaspers, Karl: Vom Ursprung und Ziel der Geschichte, München 1963 ([1]1949)

Kahn, Charles H.: The Art and Thought of Heraclitus. An edition of the fragments with translation and commentary, Cambridge/MA et. al. 1979

Karttunen, Klaus: India in Early Greek Literature, Helsinki 1989

Kelber, Wilhelm: Die Logoslehre. Von Heraklit bis Origenes, Stuttgart 1958

Kingsley, Peter: Ancient Philosophy, Mystery, and Magic. Empedocles and Pythagorean Tradition, Oxford et al. 1995

Kingsley, Peter: In the Dark Places of Wisdom, Shaftesbury–Boston/MA–Melbourne 1999

Kingsley, Peter: Reality, Inverness/CA 2003

Kouremenos, Theokritos / Parássoglou, George M. / Tsantsanoglou, Kyriakos: The Derveni Papyrus, Firenze 2006

Lämmli, Franz: Vom Chaos zum Kosmos. Zur Geschichte einer Idee, 2 Bde., Basel 1962

Laks, André: 'The More' and 'The Full': On the Reconstruction of

Parmenides' Theory of Sensation in Theophrastus, *De sensibus,* 3-4, in: ⟨ed.⟩ Annas, Julia: Oxford Studies in Ancient Philosophy, Vol. 8, Oxford 1990, 1-18

Laks, André / Most, Glenn W. ⟨trr.⟩: A Provisional Translation of the Derveni Papyrus, in: Iidem ⟨edd.⟩: Studies on the Derveni Papyrus, Oxford et al. 1997, 9-22

Lǎozǐ: Dào-dé-jīng, ⟨tr.⟩ Medhurst, C. Spurgeon: The Tao teh king. A Short Study in Comparative Religion, Chicago 1905 (Urfassung der in den Kommentaren und Anmerkungen redaktionell veränderten Auflage mit neuem Untertitel: Sayings of Lao-tzu, Wheaton/IL–Madras–London 1972)

Lǎozǐ: Dào-dé-jīng, ⟨tr.⟩ Schwarz, Ernst: Laudse (Lao-tse): Daudedsching (Tao-te-king), München 1980 (Erstausgabe Leipzig 1978

Loenen, Johannes Hubertus Mathias Marie: Parmenides, Melissus, Gorgias. A Reinterpretation of Eleatic Philosophy, Assen 1959

Loy, David: Nonduality. A Study in Comparative Philosophy, New Haven/CT–London 1988

Mādhavānanda, Swāmī ⟨ed./tr.⟩: The Bṛhadāraṇyaka Upaniṣad. With the Commentary of Śaṅkarācārya (Upaniṣad-Text skr./engl.; Kommentar-Text engl.), Calcutta [7]1988

Mansfeld, Jaap: Die Vorsokratiker (gr./dt.), 2 Bde., Stuttgart 1995-1996 (Nachdr. d. Ausg. 1983-1986)

Martin, Alain / Primavesi Oliver: L'Empédocle de Strasbourg (*P. Strasb. gr.* Inv. 1665-1666). Introduction, édition et commentaire. With an English Summary, Berlin–New York 1999

Mayrhofer, Manfred: Kurzgefaßtes etymologisches Wörterbuch des Altindischen. A Concise Etymological Sanskrit Dictionary, 4 Bde., Heidelberg 1956-1980

Mazaheri, Simin: Anfänge der Metaphysik im alten China und im alten Griechenland. Eine Gegenüberstellung, Aachen 1997

McEvilley, Thomas: The Shape of Ancient Thought: Comparative Studies in Greek and Indian Philosophies, New York 2002

Merlan, Philip: Kleine philosophische Schriften, ⟨ed.⟩ Merlan, Franciszka, Hildesheim–New York 1976

Misch, Georg: Der Weg in die Philosophie. Eine philosophische Fibel, Bd. 1, München–Bern [2]1950 ([1]1926)

Monier-Williams, Monier: A Sanskrit-English Dictionary. Etymologically and Philologically Arranged with special reference to Cognate Indo-European Languages, Delhi et al. 2002 (improved & enlarged new ed. of ed. Oxford [1]1899)

Mourelatos, Alexander P. D.: The Deceptive Words of Parmenides' "*Doxa*", in: ⟨ed.⟩ Idem: The Pre-Socratics. A Collection of Essays, Princeton/NJ 1993 (revised ed. of [1]1974), 312-349

Müller, Friedrich Max: Three Lectures on the Vedānta Philosophy, Delivered at the Royal Institution in March, 1894, Varanasi [2]1967

Nietzsche, Friedrich: Kritische Studienausgabe, 15 Bde., ⟨edd.⟩ Colli, Giorgio / Montinari, Mazzino, München–Berlin–New York [2]1988

North, Helen F.: Sophrosyne. *Self-Knowledge and Self-Restraint in Greek Literature,* Ithaca/NY 1966

Nyberg, Henrik S.: Die Religionen des Alten Iran, Leipzig 1938

Oehler, Klaus: Die Lehre vom Noetischen und Dianoetischen Denken bei Platon und Aristoteles. Ein Beitrag der Erforschung des Bewußtseinsproblems in der Antike, Hamburg [2]1985 ([1]1962)

Pfleiderer, Edmund: Die Philosophie des Heraklit von Ephesus im Lichte der Mysterienidee, Berlin 1886

Pierris, Apostolos L.: Origin and Nature of Early Pythagorean Cosmogony, in: ⟨ed.⟩ Boudouris, Konstantine I.: Pythagorean Philosophy, Athens 1992, 126-162

Platon: Werke (gr./dt.), 8 Bde. in 9 Tln., ⟨ed.⟩ Eigler, Gunther, Text der Œuvres complètes (gr./frz.), 14 Bde. in 26 Tln., verschiedener Editoren der Société d'Édition les Belles Lettres, Paris, unterschiedliche Jahrgänge und Auflagen, ⟨trr.⟩ Schleiermacher, Friedrich / Kurz, Dietrich / Müller, Hieronymus / Schöpsdau, Klaus, verschiedene Bearbeiter, Darmstadt [3]1990 (Sonderausgabe von [3]1990 der Ausg. Darmstadt 1973)

Platon: Jubiläumsausgabe sämtlicher Werke zum 2400. Geburtstag (Artemis-Paperbackausgabe), 8 Bde., ⟨tr.⟩ Rufener, Rudolf, Zürich–München 1974

Plotinos: ⟨ed./tr.⟩ Armstrong, H. A.: Plotinus in Seven Volumes (gr./engl.), Cambridge/MA–London 1966-1988

Plotinos: ⟨ed./tr.⟩ Harder, Richard: Plotins Schriften [Enneaden], (gr./dt.), 6 Haupt-/6 Ergänzungsbände, Hamburg 1956-1971

Plotinos: ⟨edd.⟩ Henry, Paul / Schwyzer, Hans-Rudolf: Plotini opera,

3 Vols., Oxonii (Oxford) 1964-1982

Ploutarchos: Moralia 1-1147, Fragments, Index (gr./engl.), versch. ⟨edd./trr.⟩: Plutarch's Moralia in Seventeen Volumes, Cambridge/MA–London 1962-1976 (z. Tl. Reprints)

Puligandla, Ramakrishna: Fundamentals of Indian Philosophy, Lanham–New York–London 1985 ([1]1975)

Puligandla, Ramakrishna: Jñāna-Yoga – The Way of Knowledge (An Analytical Interpretation), Lanham–New York–London 1985

Puligandla, Ramakrishna: Reality and Mysticism. Perspectives in the Upaniṣads, New Delhi 1997

Radhakrishnan, Sarvepalli ⟨ed./tr.⟩: The Principal Upaniṣads (skr./engl.), with introduction and notes, Atlantic Highlands/NJ 1993 (2nd. pbk. printing of 1st. publ. London 1953)

Rappe, Guido: Archaische Leiberfahrung. Der Leib in der frühgriechischen Philosophie und in außereuropäischen Kulturen, Berlin 1995

Rajneesh, Bhagwan Shree (Osho): Die verborgene Harmonie. Vorträge über die Fragmente des Heraklit, Margarethenried 1979 (engl. Originalausg. Poona 1976)

Reinhardt, Karl: Parmenides und die Geschichte der griechischen Philosophie, Frankfurt/M. [2]1959

Rémusat, Abel, Mémoire sur la vie et les ouvrages de Lao-Tseu, philosophe Chinois du VI. siècle a. n. è., qui a professé les opinions communément attribuées à Pythagore, à Platon et à leurs disciples, Paris 1823

Śaṅkara: Śrīśāṃkaragraṃthāvaliḥ. Complete Works of Sri Sankaracharya, 10 Vols., Samata Edition, Madras [rev.]1981-1983 ([1]1910)

Śaṅkara: Upadeśasāhasrī (skr./engl.), ⟨ed./tr.⟩ Alston, A. J.: The Thousand Teachings of Śaṅkara, London [1]1990

Śatapatha-Brāhmaṇa: ⟨ed.⟩ Weber, Albrecht: The Śatapatha-Brāhmaṇa in the Mādhyandina-Śākhā with Extracts from the Commentaries of Sāyaṇa, Harisvāmin and Dvivedaganga, Varanasi/India 1964

Śatapatha-Brāhmaṇa (engl.): ⟨tr.⟩ Eggeling, Julius, 5 Vols., Oxford 1882-1900

Schefer, Christina: «Nur für Eingeweihte!» Heraklit und die Mysterien (Zu Fragment B 1), in: Antike und Abendland 46 (2000), Berlin–

New York, 46-76

Scuto, Giuseppe: Parmenides' Weg. Vom Wahr-Scheinenden zum Wahr-Seienden. Mit einer Untersuchung zur Beziehung des parmenideischen zum indischen Denken, Sankt Augustin 2005

Seneca, L. Annaeus: Philosophische Schriften (lat./dt.), 5 Bde., Text nach verschiedenen Editoren der Société d'Édition les Belles Lettres, ⟨tr.⟩ Rosenbach, Manfred, Darmstadt 1999 (nach verschied. Ausg. der einzelnen Texte)

Sextos Empeirikos: Pyrrhoneion hypotyposeon & Adversus mathematicos (gr./engl.), ⟨ed./tr.⟩ Bury, R. G.: Sextus Empiricus in four Volumes, Cambridge/MA–London 1976-1983 (Repr. d. Ausg. 1933)

Shrivastava, S. N. L.: Śaṃkara and Bradley. A Comparative and Critical Study, Delhi et al. [1]1968

Sider, David: Heraclitus in the Derveni Papyrus, in: ⟨edd.⟩ Laks, André / Most, Glenn W.: Studies on the Derveni Papyrus, Oxford 1997, 129-148

Simplikios: In Aristotelis Physicorum Commentaria, 2 Halbbände (mit durchlaufender Paginierung), ⟨ed.⟩ Diels, Hermannus, Berolini (Berlin) 1882-1895

Singhal, D. P.: India and World Civilization, 2 Vols, London 1972 ([1]1969)

Smith, Brian K.: Reflections on Resemblance, Ritual, and Religion, New York–Oxford 1989

Steiner, Rudolf: Das Christentum als mystische Tatsache und die Mysterien des Altertums, Stuttgart 1961 (2. Aufl. der Taschenbuchausg.)

Stobaios, Ioannes: Eclogae, 2 Bde., ⟨ed.⟩ Meineke, Augustus: Ioannis Stobaei eclogarum physicarum et ethicarum libri duo, Lipsiae 1860-1864

Sturm, Hans P.: Die vier Stadien des Ent–Setzens (ausgehend von) der buddhistischen Mittelweg-Philosophie Ārya Nāgārjuna's, nebst Parallelen aus den »Wissenschaftslehren« von J. G. Fichte. Eine Grundlegung der Strukturtheorie der Re–flexion, Widerspiegelung des Geistes I, Augsburg [2]2014 (vollständig überarbeitete, verbesserte, präzisierte und stark erweiterte Auflage mit leicht verändertem Titel von Augsburg [1]2004)

Sturm, Hans P.: Leere im Herzen. Zur vierfachen ontologischen Unbestimmbarkeit in der antiken indischen und griechischen Philosophie, in: Hōrin. Comparative Studies in Japanese Culture 6 (1999), München, 113-138

Sturm, Hans P.: Urteilsenthaltung oder Weisheitsliebe zwischen Welterklärung und Lebenskunst, Freiburg/Br.–München 2002

Sturm, Hans P.: Weder Sein noch Nichtsein. Der Urteilsvierkant (catuṣkoṭi) und seine Korollarien im östlichen und westlichen Denken, Würzburg 1996

Sureśvara: Naiṣkarmyasiddhi (skr./engl.), ⟨ed./tr.⟩ Balasubramanian, R.: The Naiṣkarmyasiddhi of Sureśvara, Madras 1988

Sureśvara: Naiṣkarmyasiddhi (skr./engl.), ⟨ed./tr.⟩ Alston, A. J.: The Realization of the Absolute, London [2]1971 ([1]1959)

Torwesten, Hans: Vedanta. Kern des Hinduismus, Olten–Freiburg/Br. 1985

Upaniṣatsaṃgrahaḥ: ⟨ed.⟩ Shastri, J. L., Delhi et al. [2]1980

Vallin, Georges: Lumière du Non-dualisme, Nancy 1987

Vallin, Georges: remarques sur quelques difficultés d'approche de la métaphysique taoïste, in: Revue d'esthétique 5 (1983), Paris, 177-184

van der Waerden, B. L.: Das Große Jahr und die ewige Wiederkehr, in: Hermes 80 (1952), Wiesbaden, 129-155

de Vogel, C. J.: Rethinking Plato and Platonism, Leiden 1986

Vorländer, Karl: Geschichte der Philosophie, 2 Bde., Hamburg [9]1949-1955

Wahl, Jean: Étude sur le Parménide de Platon, Paris [4]1951

Walde, Alois: Vergleichendes Wörterbuch der indogermanischen Sprachen, 3 Bde., ⟨ed.⟩ Pokorny, Julius, Berlin–Leipzig [2]1973 ([1]1927-1932)

West, Martin L.: Early Greek Philosophy and the Orient, Oxford et al. 1971

Whitehead, Alfred North: Process and Reality. An Essay in Cosmology, ⟨edd.⟩ Griffin, David Ray / Sherburne, Donald W., New York–London 1978 (corrected edition; [1]1929)

Winternitz, Moritz: Geschichte der indischen Litteratur, 3 Bde., Leipzig, Bd. 1: [2]1909, Bd. 2: [2]1920, Bd. 3: [1]1922

Wohlfart, Günter: Der Philosophische Daoismus. Philosophische Untersuchungen zu Grundbegriffen und komparative Studien mit besonderer Berücksichtigung des Laozi (Lao-tse), Köln 2001

Wohlfart, Günter: Wordless Teaching – Giving signs. Laozi and Heraclitus – A Comparative Study, in: ⟨edd.⟩ Elberfeld, Rolf / Kreuzer, Johann / Minford, John / Wohlfart, Günter: Komparative Philosophie. Begegnungen zwischen östlichen und westlichen Denkwegen, München 1998, 281–296

Woo K. Y., Peter: Begriffsgeschichtlicher Vergleich zwischen Tao, ὁδός und λόγος bei Chuang-tzu, Parmenides und Heraklit, Taipei 1969

Zhuāngzǐ: Chuang-tse. Die Welt [= Buch 33 des Zhuangzi]. Chinesisch und deutsch, ⟨edd./trr.⟩ Albert, Karl / Hua Xue, Dettelbach 1996

Namensregister

Autoren, Kompilatoren, Editoren, Übersetzer, historische Persönlichkeiten (nicht von Buch- und Werktiteln) und ohne Verfassernamen überlieferte Quellenschriften

V

W

X

Z